An Anthology of Twentieth-Century
Brazilian Poetry

An Anthology of Twentieth-Century Brazilian Poetry

Edited, with Introduction, by ELIZABETH BISHOP *and* EMANUEL BRASIL

SPONSORED BY THE ACADEMY OF AMERICAN POETS

Wesleyan University Press

Published by University Press of New England

Hanover and London

WESLEYAN UNIVERSITY PRESS
Published by University Press of New England,
Hanover, NH 03755

Copyright © 1972 by Wesleyan University
All rights reserved

Library of Congress Catalog Card Number: 75–184359
ISBN 0–8195–6023–5
First printing, 1972

Printed in Canada   5

The publishers gratefully acknowledge the imagination and the assistance of Miss Elizabeth Kray of The Academy of American Poets in bringing out this anthology.

We are also indebted to The Center for Inter-American Relations, to the Hon. Mr. C. Douglas Dillon, and to The Tinker Foundation for financial support of the translation project; and to Miss Kathleen Norris and Mrs. Linda Sherwin for their help with the manuscript.

Acknowledgement is also made to the following:

To the Brazilian poets, their heirs, and their publishers, who have generously given permission for their works to be included in this anthology;

To Farrar, Straus & Giroux, Inc., for permission to publish Elizabeth Bishop's translations of "A Mesa" ("The Table"), "Não Se Mate" ("Don't Kill Yourself"), "Poema de Sete Faces" ("Seven-Sided Poem"), and "Viagem Na Família" ("Travelling in the Family") by Carlos Drummond de Andrade and of "Morte e Vida Severina" ("The Death and Life of a Severino") by João Cabral de Melo Neto, all of which were published by that company in *The Complete Poems* (Copyright © 1969 by Elizabeth Bishop);

To *The New Yorker* for permission to publish Elizabeth Bishop's translations of "Cemitério da Infância" by Joaquim Cardozo and of "Sonêto de Intimidade" by Vinícius de Moraes, which were originally published in that magazine ("Cemetery of Childhood" and "Sonnet of Intimacy" Copyright © 1971 by The New Yorker Magazine, Inc.);

To *The Hudson Review* and *Shenandoah*, in the pages of which some of these translations first appeared.

To the memory of MANUEL BANDEIRA

Contents

Manuel Carneiro de Souza Bandeira Filho (1886–1968) wanted his poems "to be eternal, saying the simplest and least intentional things." He was born in Recife, in the north of Brazil, and his poetry is concerned with memories of his hometown and of the people of the north, even though he lived in Rio de Janeiro nearly all his life. His first book, *Ash of the Hours* (*Cinza das Horas*), published in 1917, was a major influence on artists of the Modernist movement, who organized the Modern Art Week of 1922. He taught literature at the Colégio Pedro II in Rio until his retirement. He also made many translations from the French and edited several anthologies of Brazilian poetry.

José Oswald de Souza Andrade (1890–1953) was, according to Mário de Andrade, "the most characteristic and dynamic member of the Modernist movement." Born into a wealthy family, he visited the Orient and Europe, from which he returned in 1912, bringing to Brazil the influence of Marinetti's *Futurist Manifesto*. He published a collection of his poems entitled *Brazilwood* (*Pau Brasil*) in Paris in 1925. This book is a revaluation of several aspects of Brazilian culture, tendencies of national behavior, usages, and customs of the people.

JORGE Mateus DE LIMA (1893–1953) was a poet of the Modernist movement who took much interest in the cultural traditions of the black population of Brazil. He received a degree in medicine and practiced for many years. He was also a noteworthy photographer, essayist, and novelist.

MÁRIO Raul DE Morais ANDRADE (1893–1945) was possibly the most influential poet of his generation. He wrote a great number of essays on literature, art, music, and Brazilian folklore. His book of poems *Paulicéia Desvairada* (*Hallucinated City*), published in 1922, marks a break with the Parnassian School, and he was one of the organizers of the Modern Art Week. His novel *Macunaíma* was recently made into a film by a leading young Brazilian film-director.

CASSIANO RICARDO (b. 1895), was born in São Paulo. He received his university degree in Law. He founded and edited several newspapers in São Paulo, among them *Anhangüera* and *A Manhã*. His poem *Martim Cererê*, an epic vision of Brazilian history and a search for a national mythology, is considered by many to be a classic of modern Brazilian poetry.

JOAQUIM CARDOZO (b. 1897) was born in Recife and is a graduate of the Engineering School of Pernambuco. Carlos Drummond de Andrade refers to him as "a modernist more absent than present," for his first book, a collection of poems written since 1925, was not published until 1947. For many years he has been employed as a specialist in calculus for an engineering firm in Rio. His poetry is greatly admired by the new generation of poets in Brazil.

CECÍLIA MEIRELES (1901–1964) was born in Rio de Janeiro, and for many years worked there as a librarian in the public library. She wrote several books for children.

MURILO MENDES (b. 1902) has been teaching in Rome for many years. His conversion to Catholicism in 1934 greatly influenced his work. His poetry is dramatic and apocalyptic, and is characterized by a surrealist vision, the abstraction of time and space, a systematic deformation of people and objects, and the use of allegory.

CARLOS DRUMMOND DE ANDRADE (b. 1902) is usually considered the best of the older generation of Brazilian poets. He was born in the little town of Itabira, in the state of Minas Gerais. As his name indicates, he has Scotch blood, and oddly enough, *mineiros*, people from the state of Minas (mines), are often compared to the Scots. Itabira has one of the largest iron deposits in the world, the countryside is harsh and rocky, and life there is likely to be hard, narrow, and sometimes fanatically devout. Drummond de Andrade came to Rio de Janeiro as a young man, and has spent most of his life as a civil servant in the Ministry of Education, retiring in 1966. His poems have long been popular, especially the earlier ironic ones—those hardest to translate.

VINÍCIUS DE MORAES (b. 1913) studied law at the University of Brazil and English Literature at Oxford University in England. He became a diplomat in 1943, and served in Los Angeles, Paris, and Montevideo. He has transported the lyricism characteristic of his poetry into popular music, and today is considered to be "the Pope of Bossa Nova." He is also interested in the cinema, and wrote the script for Marcel Camus's film *Black Orpheus*.

MAURO Ramos da MOTA e Albuquerque (b. 1912), born in Recife, was for many years the editor of *Diário de Pernambuco*, the daily newspaper of Pernambuco. He is also a professor of geography.

JOÃO CABRAL DE MELO NETO (b. 1920), was born in Recife, where he went to school and where he published his first book *Pedra do Sono* (*Stone of the Sleep*) in 1942. He joined the Diplomatic Service in 1947, and was sent to Barcelona, where he lived for many years. His poetry contains many images of the social conditions of the northeastern region of Brazil, where he grew up. He is generally considered the most important poet of the post-war generation.

MARCOS KONDER REIS (b. 1922) was born in Itajaí, in the
state of Santa Catarina. In 1944 he was graduated as an
engineer from the University of Brazil in Rio de Janeiro.

FERREIRA GULLAR (b. 1930) was born in São Luís do Mara-
nhão, and he has lived in Rio de Janeiro since 1951. He is a
journalist and an art critic.

Introduction

POETS and poetry are highly thought of in Brazil. Among men, the name of "poet" is sometimes used as a compliment or term of affection, even if the person referred to is a businessman or politician, not a poet at all. One of the most famous twentieth-century Brazilian poets, Manuel Bandeira, was presented with a permanent parking space in front of his apartment house in Rio de Janeiro, with an enamelled sign POETA — although he never owned a car and didn't know how to drive. When he was quite old, Bandeira taught for a few years at the University of Brazil, reaching retirement age long before he had taught the number of years necessary for a pension. Nevertheless, the Chamber of Deputies, to great applause, unanimously voted to grant him a full pension.

Almost anyone — (any man, that is, for until very recently poetry has been exclusively a masculine art in Brazil) — with literary interests has published at least one book of poems, "anyone" including doctors, lawyers, engineers, and followers of other arts. Jorge de Lima was a painter and a well-known Rio doctor as well as a poet. Candido Portinari, the painter best known outside Brazil, wrote autobiographical poems and published a book of them shortly before he died. The doings and sayings of popular poets like Carlos Drummond de Andrade and Vinícius de Moraes are constantly and affectionately reported in the newspapers. In the United States only a Pound or a Ginsberg receives as much attention from the press, but for different reasons and in different tones. Poets who produce volumes after long intervals of silence are called "Leap Year Poets," *Bissextos;* Bandeira edited an anthology of contemporary "Leap Year" poets, showing that although their output may be small, they are esteemed and not forgotten.

It does not follow, of course, that the poetry in the many small volumes is necessarily great or even good, or that poetry is any more welcomed by publishers or sells any better in Brazil than in the United States. Editions are very small, of three hundred copies, for example; books are paperbound, as in France, and so cost comparatively little; and the poet earns very little from them. It may seem to the American visitor that the educated people whom he meets in Brazil read more poetry and *know* more poetry (often by heart) than people in the same walks of life at home. But it should be remembered that the educated elite is still a very small class, living almost entirely in five or six of the larger coastal cities, and that in a country of widespread illiteracy (forty per cent the figure usually given), the potential book-reading, book-buying public is limited. Partly because of poor communications, literary groups in these larger cities are more isolated from each other than they are in the United States — where so much has been made of the "isolation of the artist." And if anything, Brazilian poets have a harder time making a living than do poets in the United States. There are few reviews and magazines, and these pay next to nothing. The fellowships, awards, readings, and "poet-in-residence" academic posts that help along poetic careers in North America are almost non-existent there.

Poets work in the civil service: Carlos Drummond de Andrade, usually considered the greatest living Brazilian poet, had worked for the Ministry of Education for more than thirty years when he retired in 1966. A few teach, and more go into journalism, sometimes writing columns for newspapers or picture magazines. Since his retirement, Drummond de Andrade has had a regular column of news comment and trivia in a leading Rio paper; occasionally he uses it to publish a new poem. But no matter how he earns his living, there is respect for the poet, his work, and his opinions, and for the more worldly and better connected there is opportunity in the long Latin tradition of appointing poets to diplomatic posts, even as ambassadors. Like Claudel and St.-John Perse in France, Gabriela Mistral and Neruda in Chile, Vinícius de Moraes and João Cabral de Melo Neto, among others in Brazil, have held diplomatic posts. Vinícius de Moraes (commonly known as just "Vinícius"), famous for his film-script for *Black Orpheus* and more recently for his popular songs, performs in night-clubs, produces musical shows in Brazil and other countries, and makes recordings in Europe — all ways of augmenting his income.

This anthology, consisting of selections from the work of fourteen poets of the modern generation and of the post-war generation of 1945, is a modest attempt to present to the American reader examples of the poetry written in Brazil during this century. Inevitably, it is more representative of the editors' personal tastes than all-inclusive. With a population of some ninety million, Brazil is by far the largest Portuguese-speaking country in the world, but Portuguese is a relatively unknown language in the United States. It is understandably hard to find good American poets willing to undertake translation, much of which necessarily has to be done from literal prose translations of the Brazilian poems. The editors feel that the translators have done extremely well, keeping close to the texts and yet managing to produce "poems" preserving many of the characteristics of the originals.

Grammatically, Portuguese is a difficult language. Even well-educated Brazilians worry about writing it, and will ask friends to check their manuscripts for grammatical errors. Brazilians do not speak the way they write; the written language is more formal and somewhat cumbersome. In fact, Portuguese is an older language than Spanish, and still retains in its structure Latin forms dating from the Roman Republic. The tendency in this century has been to get away from the old, correct written style, in both prose and poetry, and to write demotic Portuguese. But this has not been completely realized, and Portuguese is still rarely written as it is spoken. A few novelists come close, in passages of conversation, and some columnists and younger poets use slang, *gíria*, almost unintelligible and changing constantly. One of the goals of the famous "Modern Art Week" in São Paulo in 1922 was to abandon the dead literary language of the nineteenth century and to write poetry in the spoken language. Much poetry of the '20s attempted this, using slang, abbreviations, ellipses, and apostrophes to indicate letters or syllables left out in ordinary, rapid speech. Very much the same thing had happened in English poetry about a decade earlier. Perhaps it is a recurring phenomenon, desire, or ideal in modern literature. This style in poetry later declined with "the generation of '45," and poetry of the '40s, '50s, and '60s, visually at least, is more conventional than those first, early attempts at modernism.

Like other Latin languages, Portuguese has a high number of perfect rhymes and frequent, inescapable assonances. The ease of rhyming in these languages has been envied, sometimes eyed with suspicion, by poets writing in the more obdurate English. But facile rhyme and inevitable assonance can become liabilities, handicaps to originality. With time familiar sets of rhymes grow tiresome, and free verse must have come as a great relief. Almost all the poems in this volume are in free verse or unrhymed metrical verse, but since assonance is innate, many contemporary poets make deliberate use of it to give effects of near-rhyme, casually or in regular patterns. Brazilian poetry, even free verse, can rarely avoid melodiousness, even when the sense might seem to want to do so.

The rules of versification in traditional Portuguese verse are like those of French verse: short and long syllables determine the number of feet in a line, not stress, as in English; and no irregularities in meter are permitted. When contemporary Brazilian poets write in traditional forms (as does Vinícius de Moraes in most of his *Sonnets*) they obey these rules of versification. Punctuation in modern Brazilian poetry is often puzzling. Apparently, the poets are influenced by, or perhaps simply copy, French usage: no punctuation at all except one stop at the end of the poem; sets of dashes where English poetry might use commas or semi-colons; dashes instead of quotation marks, and so on. In fact, anyone reading Brazilian Portuguese, prose or verse, soon becomes aware of its unperturbed inconsistency in both punctuation and spelling; points of style that have become fixed in English have not yet jelled in Brazil. It resembles our own language in its freer, earlier days. In these translations, the original punctuation has been retained when possible, and only tampered with when it, or the lack of it, might confuse the English-reading reader.

Brazilian poetry cannot be considered truly Brazilian —

that is, independent of that of Portugal — until after the Proclamation of Independence in 1822. Its development is more or less predictable, in that its movements parallel those of western Europe, especially France, with a time-lag of ten, twenty, or more years. As in American writing, this time-lag has decreased over the years, growing always shorter, until at present sometimes Brazilian poetry actually seems more advanced than that of the countries it formerly derived from. As in American poetry, there are exceptions to this, apparent regressions in the modernist movement, but none happens to come within the period covered by this volume. There is no space in this brief introduction to give a history of Brazilian poetry over the last hundred fifty years. We shall merely give the highlights, naming a few outstanding poets and their books and briefly outlining the movements that make up the Brazilian heritage of the fourteen poets represented.

The nineteenth century was, as elsewhere, the romantic century, and Brazilian Romanticism is considered to have started with the publication of a book of poems by Gonçalves Magalhães (1811–1882), called, romantically indeed, *Poetic Sighs and Longings*. The four outstanding romantic poets, however, were: Gonçalves Dias (1823–1864); Álvares de Azevedo (1831–1852); Casimiro de Abreu (1837–1860); and Castro Alves (1847–1871). All four used genuinely Brazilian themes, Gonçalves Dias* romanticising the Brazilian Indian for the first time, and Castro Alves, in his melodramatic poem "The Slave Ship," being the first poet to protest against the horrors of the slave trade. They and the other poets of the movement were

_____

*Perhaps Gonçalves Dias was partly responsible for the awakening of interest in the Brazilian Indian, the "noble savage," in the middle of the nineteenth century. Almost every one of the barons created by Dom Pedro II, the last Emperor, took an Indian name and Indian names are still in common use. There is also the opera *Guarany* by Carlos Gomes, to bear evidence to this continuing fashion for all things Indian. "The Slave Ship," having been considered bad art by the more sophisticated for decades, has, of late, made something of a comeback, owing partly to new humanitarian, anti-racist feelings, and partly to a brilliant young group of reciters of verse, the Jongleurs of São Paulo, who have included it in their repertory with great success.

much influenced, by way of France and Portugal, by the English romantics. *Saudade*, the characteristic Brazilian longing or nostalgia, and plain homesickness appear obsessively in their poems — perhaps because most of these young poets, "of good family," made the long ocean voyage to study at the University of Coimbra in Portugal, for Brazil had no universities until the late nineteenth century. Several of them died very young, as did Keats and Shelley, usually of tuberculosis. Gonçalves Dias drowned, shipwrecked on his native shore, while returning from Portugal.

The romantic period gave way to a period of realism, called the Parnassian movement (from around 1870 to 1890) and a brief period of Symbolism (1890–1900). The so-called "realists" were strongly influenced by the French Parnassian school of Gauthier, Banville, Lesconte de L'Isle, and Heredia. The most famous poet of this school was Olavo Bilac (1865–1918), three of whose books are *Poesias* (1888), *Poesias Infantis* (1904), and *Tarde* (1919). The Symbolist movement produced one important figure, the black poet Cruz e Souza (1861–1918). German and English romantic poetry were known to the Brazilians, but French literature and philosophy were, and have remained, until very recently, the strongest influences in Brazilian literature and thought. They are still perhaps of primary importance, but English and, even more, American prose and poetry are now rapidly becoming better known. English is now becoming the most important and fashionable foreign language.

From the turn of the century until 1922, Brazilian poetry went through a period of eclecticism, with no one style predominating, reflecting in general the intense nationalism prevalent at the time. In 1912 Oswald de Andrade, later considered the most radical poet of the 1922 movement, returned from Europe with a copy of Marinetti's *Futurist Manifesto*. About that time he created a sensation by publishing a poem without rhyme or meter, entitled "Last Ride of a Tubercular through the City by Streetcar." The subject-matter and tone of poetry were changing, and in 1917, when Manuel Bandeira published his first book *Ash of the Hours*, the critic João Ribeiro announced that Olavo Bilac, admired for so long, was "now out of date."

The year 1922 marked the centennial of Brazilian independence. A group of writers and artists, most of whom had lived in Europe, decided to celebrate by holding a festival at which they would present the avant-garde theories they had enthusiastically adopted in Paris and Italy to their artistically backward compatriots. "Modern Art Week" took place in the Municipal Theatre of São Paulo on the 13th, the 15th, and the 17th of February. It has become as much a landmark in Brazilian culture as the New York Armory Show of 1913 is in the culture of the United States.

The night of the 15th was the most dramatic of the three. The poet Menotti del Pichia made a speech presenting the aims of the new artistic movements, summarizing them with these words: "We want light, air, ventilators, airplanes, workers' demands, idealism, motors, factory smokestacks, blood, speed, dream, in our Art. And may the chugging of an automobile, on the track of two lines of verse, frighten away from poetry the last Homeric god who went on sleeping and dreaming of the flutes of Arcadian shepherds and the divine breasts of Helen, an anachronism in the era of the jazz band and the movie." Poets and prose writers then read excerpts from their works. The audience took offense, and there followed an uproar of booing, whistling, and shouted insults. Mário de Andrade read from his book *Hallucinated City*, and later he confessed in a long essay regarding Modern Art Week that he did not know how he had had the courage to face such an audience.

Mário de Andrade (1893–1945), a mulatto from São Paulo, was one of the most important figures in contemporary Brazilian art and literature. A critic, poet, and novelist, he was also one of the very first intellectuals to discover and to become seriously interested in the great untapped resources of Brazilian folklore and popular music. It is hard to think of any form of contemporary artistic activity in Brazil that does not owe a debt to him. In the year of the twenty-fifth anniversary of his death, 1970, every newspaper and review printed critical studies, biographical essays, and tributes to him, and loving memoirs were written about him as teacher and friend. The vitality of his personality and the wide range of his interests have been of the utmost importance in helping create a richer artistic self-consciousness in Brazil.

The Modernist poetic movement repudiated French and Portuguese influences, and, as in other countries, it rejected the ideas of the Romantics, Parnassians, and Symbolists. It believed in using the material of everyday life, and attempted a complete honesty, bringing the anguish and conflicts of the period into poetry for the first time. The Modernist group originally included, among other poets, Manuel Bandeira, Mário de Andrade, and Oswald de Andrade. There were also the painters Anita Malfatti and Di Cavalcanti; the sculptor Victor Brecheret, and the composer Villa-Lobos. Only Villa-Lobos is well-known outside Brazil, but the others all took part in the artistic transition from the outworn forms of the nineteenth century to the forms of the present.

In 1924, in Paris, Oswald de Andrade published an important book of poems called *Brazilwood*. With extreme economy of means, in simple language, he treated Brazilian themes, customs, superstitions, and family life directly, and for the first time in Brazilian poetry humorously. These qualities have marked Brazilian poetry ever since; they represent the real achievement of Modern Art Week and *modernismo*. A word of tribute should also be given to the French poet Blaise Cendrars, who lived in Brazil for several years. His free style, brilliant imagery, and fresh, ironic treatment of the modern world were all important influences on the poets of the Modernist movement.

Manuel Bandeira, Mário de Andrade, and Carlos Drummond de Andrade have been mentioned; other poets in the Modernist movement are included in this anthology. Carlos Drummond de Andrade is regarded as the most important — and is probably the most popular — poet of the contemporary period. Vinícius de Moraes is also extremely popular, especially with the younger generation, some of whom are ignorant of his early and more serious work, but adore him for his "Bossa Nova" songs (a style now considered out-of-date), and his present constant outpouring of gentle, romantic songs and music, almost invariably about love.

The most recent date marking a shift in poetic styles in Brazil is 1945, the year of the dropping of the first atomic bomb — about which every Brazilian poet seems to have written at least one poem — and the end of World War II. Brazil itself was just coming to the end of a dictatorship that had lasted for fifteen years and was passing through a phase of redemocratization. It was the year of the death of Mário de Andrade, and a new generation of poets was appearing on the scene, the Neo-Modernists, or the generation of '45. As early as 1929 the writer Luis Martins had remarked: "Modernism suffered from the demoralizing influence of its adherents. As in the time of Parnassianism everyone wrote sonnets, in the time of Modernism everyone began to write nonsense in free verse." The generation of '45 was against the exaggerated use of the free verse that had dominated poetry for more than twenty years; they wanted more concision and less sentimentality (always a danger in Brazilian verse) as well as a more accurate use of words.

João Cabral de Melo Neto, born in 1920, came of age in this generation; today he is considered one of the major poetic voices in Latin America. His first book *Stone of Sleep* (1942) showed the characteristics of his mature style: striking visual imagery and an insistent use of concrete, tactile nouns. He is "difficult;" but at the present time his work displays the highest development and the greatest coherency of style of any Brazilian poet.

The younger poets, many, diverse, and talented, including the Concretionists and others whose work takes the form of song lyrics — and Brazil has produced in recent years some of the best popular songs ever written — are not in this anthology. The editors hope to introduce them in a second volume, in order to give the American reader a more complete picture of the variety, profundity, and originality of Brazilian poetry today.

The Editors

An Anthology of Twentieth-Century
Brazilian Poetry

Manuel Bandeira

O ÚLTIMO POEMA

Assim eu quereria o meu último poema

Que fôsse terno dizendo as coisas mais simples e menos
    intencionais
Que fôsse ardente como um soluço sem lágrimas
Que tivesse a beleza das flôres quase sem perfume
A pureza da chama em que se consomem os diamantes mais
    límpidos
A paixão dos suicidas que se matam sem explicação.

MY LAST POEM

I would like my last poem thus

That it be gentle saying the simplest and least intended things
That it be ardent like a tearless sob
That it have the beauty of almost scentless flowers
The purity of the flame in which the most limpid diamonds
    are consumed
The passion of suicides who kill themselves without explanation.

Translated by Elizabeth Bishop

ANTOLOGIA

A Vida
Não vale a pena e a dor de ser vivida.
Os corpos se entendem, mas as almas não.
A única coisa a fazer é tocar um tango argentino.
Vou-me embora pra Pasárgada!
Aqui eu não sou feliz.
Quero esquecer tudo:
— A dor de ser homem . . .
Êste anseio infinito e vão
De possuir o que me possui.

Quero descansar
Humildemente pensando na vida e nas mulheres que amei . . .
Na vida inteira que podia ter sido e que não foi.

Quero descansar.
Morrer.
Morrer de corpo e de alma.
Completamente.
(Tôdas as manhãs o aeroporto em frente me dá lições de
      partir.)

Quando a Indesejada das gentes chegar
Encontrará lavrado o campo, a casa limpa,
A mesa posta,
Com cada coisa em seu lugar.

Êste poema é um centão. A palavra "centão" nada tem a ver com "cento" e vem do latim "cento, centonis", que significa colcha de retalhos. . . . Tive a idéia de construir um poema só com versos ou pedaços de versos meus mais conhecidos ou mais marcados da minha sensibilidade, e que ao mesmo tempo pudesse funcionar como poema para uma pessoa que nada conhecesse da minha poesia. (De uma carta de Manuel Bandeira a Odylo Costa Filho)

Life
Is not worth the trouble and grief of being lived.
Bodies understand each other, but souls, no.
The only thing to do is to play an Argentine tango.
I'm going away to Pasárgada!
I am not happy here.
I want to forget it all:
— The grief of being a man . . .
This infinite and vain anxiety
To possess what possesses me.

I want to rest
Thinking humbly about life and women I loved . . .
About all the life that could have been and wasn't.

I want to rest.
To die.
To die, body and soul.
Completely.
(Every morning the airport across the way gives me lessons
      in departure.)

When the Undesired-of-all arrives,
She will find the field plowed, the house clean,
The table set,
With everything in its place.

Translated by Jean R. Longland

This poem is a *cento*. The word *cento* has nothing to do with "hundred"
but comes from the Latin *cento, centonis,* which means a patchwork quilt. . . .
I had the idea of constructing a poem out of nothing but lines or parts of lines of
mine, the best known or most marked by my sensibility, which at the same time
could function as a poem for a person who knew nothing of my poetry. (From a
letter of Manuel Bandeira to Odylo Costa Filho)

RONDÓ DOS CAVALINHOS

Os cavalinhos correndo,
E nós, cavalões, comendo . . .
Tua beleza, Esmeralda,
Acabou me enlouquecendo.

Os cavalinhos correndo,
E nós, cavalões, comendo . . .
O sol tão claro lá fora,
E em minhalma — anoitecendo!

Os cavalinhos correndo,
E nós, cavalões, comendo . . .
Alfonso Reyes partindo,
E tanta gente ficando . . .

Os cavalinhos correndo,
E nós, cavalões, comendo . . .
A Itália falando grosso,
A Europa se avacalhando . . .

Os cavalinhos correndo,
E nós, cavalões, comendo . . .
O Brasil politicando,
Nossa! A poesia morrendo . . .
O sol tão claro lá fora,
O sol tão claro, Esmeralda,
E em minhalma — anoitecendo!

RONDEAU OF THE LITTLE HORSES

The little horses trotting
While we're horsing around and eating . . .
Your beauty, Esmeralda,
Became intoxicating.

The little horses trotting
While we're horsing around and eating . . .
The sun out there so brilliant
That in my soul — is setting!

The little horses trotting
While we're horsing around and eating . . .
Alfonso Reyes departing
And all the rest still sitting . . .

The little horses trotting
While we're horsing around and eating . . .
Italy shouting defiance
And Europe afraid of fighting . . .

The little horses trotting
While we're horsing around and eating . . .
Brazil orating, debating,
Poetry dead and rotting . . .
The sun out there so brilliant,
The bright sun, Esmeralda,
That in my soul — is setting!

Translated by Richard Wilbur

Manuel Bandeira 7

TRAGÉDIA BRASILEIRA

Misael, funcionário da Fazenda, com 63 anos de idade,

Conheceu Maria Elvira na Lapa, — prostituída, com sífilis, dermite nos dedos, uma aliança empenhada e os dentes em petição de miséria.

Misael tirou Maria Elvira da vida, instalou-a num sobrado no Estácio, pagou médico, dentista, manicura... Dava tudo quanto ela queria.

Quando Maria Elvira se apanhou de bôca bonita, arranjou logo um namorado.

Misael não queria escândalo. Podia dar uma surra, um tiro, uma facada. Não fêz nada disso: mudou de casa.

Viveram três anos assim.

Tôda vez que Maria Elvira arranjava namorado, Misael mudava de casa.

Os amantes moraram no Estácio, Rocha, Catete, Rua General Pedra, Olaria, Ramos, Bonsucesso, Vila Isabel, Rua Marquês de Sapucaí, Niterói, Encantado, Rua Clapp, outra vez no Estácio, Todos os Santos, Catumbi, Lavradio, Bôca do Mato, Inválidos...

Por fim na Rua da Constituição, onde Misael, privado de sentidos e de inteligência, matou-a com seis tiros, e a polícia foi encontrá-la caída em decúbito dorsal, vestida de organdi azul.

BRAZILIAN TRAGEDY

Misael, civil servant in the Ministry of Labor, 63 years old,
    Knew Maria Elvira of the Grotto: prostitute, syphilitic,
with ulcerated fingers, a pawned wedding ring and teeth in the
last stages of decay.

Misael took Maria out of "the life," installed her in a two-
storey house in Junction City, paid for the doctor, dentist,
manicurist. . . . He gave her everything she wanted.

When Maria Elvira discovered she had a pretty mouth, she
immediately took a boy-friend.

Misael didn't want a scandal. He could have beaten her,
shot her, or stabbed her. He did none of these: they moved.

They lived like that for three years.

Each time Maria Elvira took a new boy-friend, they moved.

The lovers lived in Junction City. Boulder. On General
Pedra Street, The Sties. The Brickyards. Glendale. Pay Dirt.
On Marquês de Sapucaí Street in Villa Isabel. Niterói. Euphoria.
In Junction City again, on Clapp Street. All Saints. Carousel.
Edgewood. The Mines. Soldiers Home . . .

Finally, in Constitution Street, where Misael, bereft of
sense and reason, killed her with six shots, and the police found
her stretched out, supine, dressed in blue organdy.

Translated by Elizabeth Bishop

Oswald de Andrade

NATIONAL LIBRARY

The Abandoned Child
Doctor Coppelius
Let Us Go With Him
Miss Spring
Brazilian Code of Civil Law
How to Win the Lottery
Public Speaking for Everyone
The Pole in Flames

Translated by Jean R. Longland

RECLAME

Fala a graciosa atriz
Margarida Perna Grossa

Linda côr — que admirável loção
Considero lindacor o complemento
Da toalete feminina da mulher
Pelo seu perfume agradável
E como tônico do cabelo garçone
Se entendam tôdas com Seu Fagundes
Único depositório
Nos E. U. do Brasil

ADVERTISEMENT

Says the dainty actress
Margaret Piano Leg

Pretty tint — what a splendid lotion
I consider prettytint the complement
of woman's feminine toilette
for its agreeable odor
and as a tonic for the boyish bob
All women — deal with Mr. Fagundes
sole distributor
in the United States of Brazil

Translated by Jean R. Longland

PROCISSÃO DO ENTÊRRO

A Verônica estende os braços
E canta
O pálio parou
Todos escutam
A voz na noite
Cheia de ladeiras acesas

FUNERAL PROCESSION

The Veronica extends her arms
and sings
The baldachin has stopped
All listen
to the voice in the night
full of lighted hills

Translated by Jean R. Longland

TRANSLATOR'S NOTE: "Veronica" — a woman who carries the holy su-
darium in the processions of the burial of Christ; "pálio" — a portable balda-
chin carried in processions, covering the honored person or the priest who holds
the monstrance.)

EPITÁFIO

Eu sou redondo, redondo
Redondo, redondo eu sei
Eu sou uma redond'ilha
Das mulheres que beijei

Por falecer do oh! amor
Das mulheres de minh'ilha
Minha caveira rirá ah! ah! ah!
Pensando na redondilha

EPITAPH

I am round, round
Round, round I know
I am a round island
Of the women I have kissed

Because I died for oh! love
Of the women of my island
My skull will laugh ha ha ha
Thinking of the roundel

Translated by Jean R. Longland

Jorge de Lima

A MÃO ENORME

Dentro da noite, da tempestade,
a nau misteriosa lá vai.
O tempo passa, a maré cresce.
O vento uiva.
A nau misteriosa lá vai.
Acima dela
que mão é essa maior que o mar?
Mão de pilôto?
Mão de quem é?
A nau mergulha,
o mar é escuro,
o tempo passa.
Acima da nau
a mão enorme
sangrando está.
A nau lá vai.
O mar transborda,
as terras somem,
caem estrêlas.
A nau lá vai.
Acima dela
a mão eterna
lá está.

THE ENORMOUS HAND

Inside the nighttime of the storm,
the mystery caravel goes there.
Time moves, and waters crest,
the wind weeps ugly loud.
The mystery caravel goes there.
Above this ship
what hand is that more huge
even than the sea?
Hand of the pilot?
Whose hand?
The caravel plunges,
the sea stands dark,
time moves.
Above this ship
the large hand
is bleeding.
The caravel goes there.
The sea spills,
land vanishes,
stars fall.
The caravel continues and
above this ship
the eternal hand
is there.

Translated by June Jordan

Mário de Andrade

IMPROVISO DO RAPAZ MORTO

Morto, suavemente êle repousa sôbre as flôres do caixão.

Tem momentos assim em que a gente vivendo
Esta vida de interêsses e de lutas tão bravas,
Se cansa de colhêr desejos e preocupações.
Então pára um instante, larga o murmúrio do corpo,
A cabeça perdida cessa de imaginar,
E o esquecimento suavemente vem.
Quem que então goze as rosas que o circundam?
A vista bonita que o automóvel corta?
O pensamento que o heroíza? . . .
O corpo é que nem véu largado sôbre um móvel,
Um gesto que parou no meio do caminho,
Gesto que a gente esqueceu.
Morto, suavemente êle se esquece sôbre as flôres do caixão.

Não parece que dorme, nem digo que sonhe feliz, está morto.
Num momento da vida o espírito se esqueceu e parou.
De repente êle assustou com a bulha do chôro em redor,
Sentiu talvez um desaponto muito grande
De ter largado a vida sendo forte e sendo môço,
Teve despeito e não se moveu mais.
E agora êle não se moverá mais.

Vai-te embora! vai-te embora, rapaz morto!
Oh, vai-te embora que não te conheço mais!
Não volta de noite circular no meu destino
A luz da tua presença e o teu desejo de pensar!
Não volta oferecer-me a tua esperança corajosa,
Nem me pedir para os teus sonhos a conformação da Terra!

IMPROVISATION OF THE DEAD BOY

Dead, gently he lies on the flowers of the coffin.

There are times like this when people living
This life of self-interest and fierce struggles
Tire of the ingathering of desires and worries.
They stop for a moment, cast aside the commotion of the body,
The confused mind ceases to imagine
As oblivion slowly comes.
Who then enjoys the roses surrounding him?
The good view cut off by the automobile?
The thought that makes a hero of him?
The body is like a veil thrown over a piece of furniture,
A gesture that stopped in the middle of the road,
A gesture people forgot.
Dead, gently he forgets himself on the flowers of the coffin.

It seems not that he sleeps, nor dreams happily, he is dead.
In a moment of life spirit forgot itself, and stopped.
Suddenly he was afraid of the fanfare of crying,
Felt some immemorial cheat
At casting life aside while strong and young,
A deep resentment, and he did not move again.
And now he will never move again.

"Depart! Depart, dead boy!
Depart, for I no longer know you!
Do not return nightly to beget upon my destiny
The flare of your being and your desire to think!
Do not come again to offer me your courageous hope,
Nor ask me for your dreams, the confirmation of earth!

Mário de Andrade 21

O universo muge de dor aos clarões dos incêndios,
As inquietudes cruzam-se no ar alarmadas,
E é enorme, insuportável minha paz!
Minhas lágrimas caem sôbre ti e és como um sol quebrado!
Que liberdade em teu esquecimento!
Que independência firme na tua morte!
Oh, vai-te embora que não te conheço mais!

The universe bellows with pain in the lightnings of fires,
Anxieties, alarmed, meet and pass in the air,
Enormous, unbearable, my peace!
My tears fall on you and you are like a broken sun!
What liberty in your oblivion!
What firmness of independence in your death!
Oh, depart, for I no longer know you!"

Translated by Richard Eberhart

Cassiano Ricardo

O CANTO DA JURITI

Eu ia andando pelo caminho
em pleno sertão, o cafèzal tinha ficado lá longe . . .
Foi quando escutei o seu canto
que me pareceu o soluço sem fim da distância . . .

A ânsia de tudo o que é longo como as palmeiras.
A saudade de tudo o que é comprido como os rios . . .
O lamento de tudo o que é roxo como a tarde . . .
O chôro de tudo o que fica chorando por estar longe . . .
    bem longe.

THE SONG OF THE WILD DOVE

Deep within the backlands I walked along the road,
the coffee plantation was far away.
It was then I heard your song
sounding like the endless sobbing of distance . . .

The longing for all that is tall like palm trees.
The yearning for all that is long like rivers . . .
The lament for all that is purple like dusk . . .
The weeping of all that weeps because it is far away . . .
    very far away.

Translated by Jean R. Longland

ANOITECER

Homem, cantava eu como um pássaro
ao amanhecer. Em plena unanimidade
de um mundo só.
Como, porém, viver num mundo onde tôdas as coisas
tivessem um só nome?

Então, inventei as palavras.
E as palavras pousaram gorjeando sôbre o rosto
dos objetos.

A realidade, assim, ficou com tantos rostos
quantas são as palavras.

E quando eu queria exprimir a tristeza e a alegria
as palavras pousavam em mim, obedientes
ao meu menor aceno lírico.

Agora devo ficar mudo.
Só sou sincero quando estou em silêncio.

Pois, só quando estou em silêncio
elas pousam em mim — as palavras —
como um bando de pássaros numa árvore
ao anoitecer.

NIGHTFALL

Friends, I sang as a bird sings
at daybreak. In full agreement
with one single world.
But how could one live in a world
where things had a single name?

Then, I made up words.
And words perched, warbling, on the head
of objects.

Reality, thus, came to have
as many heads as words.

And when I tried to express sadness and joy
words settled upon me, obedient
to my slightest lyrical gesture.

Now I must be mute.
I am sincere only when I am silent.

So, only when I am silent
do they settle upon me — words —
a flock of birds in a tree
at nightfall.

Translated by Barbara Howes

Joaquim Cardozo

CEMITÉRIO DA INFÂNCIA

Semana da criança, 1953

No cemitério da Infância
Era manhã quando entrei,
Das plantas que vi florindo
De tantas me deslumbrei ...
Era manhã reluzindo
Quando ao meu país cheguei,
Dos rostos que vi sorrindo
De poucos me lembrarei.

Vinha de largas distâncias
No meu cavalo veloz,
Pela noite, sôbre a noite,
Na pesquisa de arrebóis;
E ouvia, sinistramente,
Longínqua, esquecida voz ...
Galos cantavam, cantavam.
— Auroras de girassóis.

Por êsses aléns de serras,
Pelas léguas de verão,
Quantos passos repetidos
Trilhados no mesmo chão;
Pelas margens das estradas:
Rosário, cruz, coração ...
Mulheres rezando as lágrimas,
Passando as gôtas na mão.

Aqui cairam as asas
Dos anjos. Rudes caminhos
Adornam covas pequenas
De urtiga branca e de espinhos;
Mais perto cheguei meus passos,
Mais e demais, de mansinho:
As almas do chão revoaram:
Um bando de passarinhos.

CEMETERY OF CHILDHOOD

Children's Week, 1953

In the cemetery of Childhood
It was morning when I entered,
The flowers were in bloom,
So many I was dazzled . . .
It was morning, bright with dew,
When I reached my own country,
Of the smiling faces I saw
I'll remember very few.

From wide distances
My horse travelled swiftly,
Through night, across the night,
Searching by after-glow;
And I heard, ominous,
A remote, forgotten voice . . .
And the roosters crow and crow
— Sunrise sunflowers.

From behind those mountains,
Through the leagues of summer,
How many repeated steps
Tracking the same ground;
And along the roadsides:
Rosary, cross, and heart . . .
Women praying tears,
Their hands telling the drops.

Here the wings of the angels
Fell off. Homely paths
Adorn the small graves
With thorns and white nettles;
My steps came closer, closer,
Too close, stealthily:
The souls flew up from the ground:
A flock of little birds.

Joaquim Cardozo   29

Oh! aflições pequeninas
Em corações de brinquedos;
Em sono se desfolharam
Tuas roseiras de mêdo . . .
Teus choros trazem relentos:
Ternuras de manhã cedo;
Oh! Cemitério da Infância
Abre a luz do teu segrêdo.

Carne, cinza, terra, adubo
Guardam mistérios mortais;
Meninos, depois adultos:
Os grandes canaviais . . .
— Crescem bagas nos arbustos,
Como riquezas reais,
Pasta o gado nas planuras
Dos vastos campos gerais.

Oh! the small afflictions
In the hearts of toys!
Your sleeping rosebushes
Drop their leaves in fright . . .
Your grief brings evening dew,
Sweetness of early morning;
Oh! cemetery of Childhood,
Reveal your secret light.

Flesh, ash, and earth
Feed mortal mysteries;
Children, then adults:
The big fields of cane . . .
Like a king's ransom
Berries load the trees,
Cattle graze the levels
Of the vast common plain.

Translated by Elizabeth Bishop

ELEGIA PARA MARIA ALVES

Trago-te aqui estas flôres
— Filhas que são, modestas, de um sol de outubro —
São flôres das velhas cêrcas, flôres de espinheiros,
São verbenas e perpétuas, bogaris e resedás;
Têm as côres do céu nos crepúsculos longínquos
E a transparência e a limpidez das tardes em que sonharam
    môças
Nos mirantes dos antigos jardins de arrabaldes.

As frutas que deposito no chão, no teu chão, dentro desta
    fôlha de aninga . . .
— Filhas, também, de um sol que tu não viste —
São araçás silvestres, cajás de cêrcas nativas,
Pitangas, macarandubas, corações de rainha;
São vermelhas, são cheirosas e amarelas
Como se fôssem . . . como se flôres ainda . . .

As terras que espalho sôbre o terreno do teu corpo vazio
    — De muito distante vieram —
São areias do Rio Doce e da Piedade
Barros vermelhos das ribanceiras do Mar
Argilas das "Ruinas de Palmira" com as suas côres
De arco-iris naufragado entre os morros de Olinda.

Assim, Maria, trago-te flôres, frutos e terras . . .
E para que se conservem sempre frescas e puras
Sôbre elas derramo estas águas
Que são doces e claras, que são mansas e amigas:
Água da Levada de Apipucos
Água da Bica do Rosário
— Relíquias de chuvas antigas —
Águas por mim, por ti, por todos nós choradas.

ELEGY FOR MARIA ALVES

I bring you now these flowers
— Modest flowers of an October sun —
Flowers from old hedgerows, flowers from bramble bushes,
Verbenas and everlastings, jasmines and mignonettes;
Colors of the sky in far-off twilights
And the transparency and limpidity of afternoons
When girls dreamed in the gazebos
In ancient gardens at the city's edge.

The fruits that I place on the ground, your ground,
Wrapped in this philodendron leaf
(Daughters, too, of a sun you did not see)
Are wild guavas, plums from native hedges,
Surinam cherries, star-apples, queens' hearts;
They are red, they are fragrant and yellow
As if they were . . . as if still blossoms . . .

The earths that I scatter
Over the earth of your empty body
Come from far away:
Sands from Sweet River and from Piety,
Red grains from the shores of the sea,
Potters' clays from the "Ruins of Palmyra" with their colors
Of rainbow shipwrecked on the hills of Olinda.

Thus, Maria, I bring you flowers, fruits, and earths . . .
And to keep them always fresh and pure,
Over them I pour these waters,
Sweet and clear, mild and friendly:
Water from the Sluice of Apipucos,
Water from the Fount of the Rosary
— Relics of ancient rains —
Waters wept for me, for you, for all of us.

Translated by Elizabeth Bishop

Cecília Meireles

SEGUNDO MOTIVO DA ROSA

A Mário de Andrade

Por mais que te celebre, não me escutas,
embora em forma e nácar te assemelhes
à concha soante, à musical orelha
que grava o mar nas íntimas volutas.

Deponho-te em cristal, defronte a espelhos,
sem eco de cisternas ou de grutas . . .
Ausências e cegueiras absolutas
ofereces às vespas e às abelhas,

e a quem te adora, ó surda e silenciosa,
e cega e bela e interminável rosa,
que em tempo e aroma e verso te transmutas!

Sem terra nem estrêlas brilhas, prêsa
a meu sonho, insensível à beleza
que és e não sabes, porque não me escutas . . .

SECOND ROSE MOTIF

To Mário de Andrade

However much I praise, you do not listen,
although in form and mother-of-pearl you could be
the uttering shell, the ear whose music lesson
engraves the inmost spirals of the sea.

I place you in crystal, in the mirror's prison
past all undertone of well or grotto . . .
Pure absence, blind incomprehension
offered to the wasp and to the bee

as to your acolyte, O deaf and mute
and blind and beautiful and interminable rose
who into time, attar and verse transmute

yourself now beyond earth or star arisen
to glisten from my dream, of your own beauty
insensible because you do not listen . . .

Translated by James Merrill

VIGÍLIA

Como o companheiro é morto,
todos juntos morreremos
um pouco.

O valor de nossas lágrimas
sôbre quem perdeu a vida,
não é nada.

Amá-lo, nesta tristeza,
é suspiro numa selva
imensa.

Por fidelidade reta
ao companheiro perdido,
que nos resta?

Deixar-nos morrer um pouco
por aquêle que hoje vemos
todo morto.

VIGIL

As the companion is dead,
so we must all together die
somewhat.

Shed for him who lost his life,
our tears are worth
nothing.

Love for him, within this grief,
is a faint sigh lost in a vast
forest.

Faith in him, the lost
companion — what but that
is left?

To die ourselves somewhat
through him we see today
quite dead.

Translated by James Merrill

BALADA DAS DEZ BAILARINAS DO CASSINO

Dez bailarinas deslizam
por um chão de espelho.
Têm corpos egípcios com placas douradas,
pálpebras azuis e dedos vermelhos.
Levantam véus brancos, de ingênuos aromas,
e dobram amarelos joelhos.

Andam as dez bailarinas
sem voz, em redor das mesas.
Há mãos sôbre facas, dentes sôbre flôres
e os charutos toldam as luzes acesas.
Entre a música e a dança escorre
uma sedosa escada de vileza.

As dez bailarinas avançam
como gafanhotos perdidos.
Avançam, recuam, na sala compacta,
empurrando olhares e arranhando o ruído.
Tão nuas se sentem que já vão cobertas
de imaginários, chorosos vestidos.

As dez bailarinas escondem
nos cílios verdes as pupilas.
Em seus quadris fosforescentes,
passa uma faixa de morte tranqüila.
Como quem leva para a terra um filho morto,
levam seu próprio corpo, que baila e cintila.

Os homens gordos olham com um tédio enorme
as dez bailarinas tão frias.
Pobres serpentes sem luxúria,
que são crianças, durante o dia.
Dez anjos anêmicos, de axilas profundas,
embalsamados de melancolia.

BALLAD OF THE TEN CASINO DANCERS

Ten dancers glide
across a mirror floor.
They have thin gilt plaques on Egyptian bodies,
fingertips reddened, blue lids painted,
lift white veils naively scented,
bend yellow knees.

The ten dancers go
voiceless among customers,
hands above knives, teeth above roses,
little lamps befuddled by cigars.
Between the music and the movement flows
depravity, a flight of silken stairs.

The dancers now advance
like ten lost grasshoppers,
advance, recoil, avoiding glances
in the close room, and plucking at the din.
They are so naked, you imagine
them clothed in the stuff of tears.

The ten dancers screen
their pupils under great green lashes.
Death passes tranquil as a belt around
their phosphorescent waists.
As who should bear a dead child to the ground
each bears her flesh that moves and scintillates.

Fat men watch in massive tedium
those cold, cold dancers,
pitiful serpents without appetite
who are children by daylight.
Ten anemic angels made of hollows,
melancholy embalms them.

Vão perpassando como dez múmias,
as bailarinas fatigadas.
Ramo de nardos inclinando flôres
azuis, brancas, verdes, douradas.
Dez mães chorariam, se vissem
as bailarinas de mãos dadas.

Ten mummies in a band,
back and forth go the tired dancers.
Branch whose fragrant blossoms bend
blue, green, gold, white.
Ten mothers would weep at the sight
of those dancers hand in hand.

Translated by James Merrill

O CAVALO MORTO

Vi a névoa da madrugada
deslizar seus gestos de prata,
mover densidade de opala
naquele pórtico de sono.

Na fronteira havia um cavalo morto.

Grãos de cristal rolavam pelo
Seu flanco nítido: e algum vento
torcia-lhe as crinas, pequeno,
leve arabesco, triste adôrno

— e movia a cauda ao cavalo morto.

As estrêlas ainda viviam
e ainda não eram nascidas
ai! as flôres daquele dia . . .
— mas era um canteiro o seu corpo:

um jardim de lírios, o cavalo morto.

Muitos viajantes contemplaram
a fluida música, a orvalhada
das grandes môscas de esmeralda
chegando em rumoroso jôrro.

Adernava triste, o cavalo morto.

E viam-se uns cavalos vivos,
altos como esbeltos navios,
galopando nos ares finos,
com felizes perfis de sonho.

Branco e verde via-se o cavalo morto,

THE DEAD HORSE

I saw the early morning mist
make silver passes, shift
densities of opal
within sleep's portico.

On the frontier, a dead horse.

Crystal grains were rolling down
his lustrous flank, and the breeze
twisted his mane in a littlest,
lightest arabesque, sorry adornment

— and his tail stirred, the dead horse.

Still the stars were shining,
and that day's flowers, sad to say,
had not yet come to light
— but his body was a plot,

garden of lilies, the dead horse.

Many a traveler took note
of fluid music, the dewfall
of big emerald flies
arriving in a noisy gush.

He was listing sorely, the dead horse.

And some live horses could be seen
slender and tall as ships,
galloping through the keen air
in profile, joyously dreaming.

White and green the dead horse

no campo enorme e sem recurso
— e devagar girava o mundo
entre as suas pestanas, turvo
como em luas de espelho roxo.

Dava o sol nos dentes do cavalo morto.

Mas todos tinham muita pressa,
e não sentiram como a terra
procurava, de légua em légua,
o ágil, o imenso, o etéreo sôpro
que faltava àquele arcabouço.

Tão pesado, o peito do cavalo morto!

in the enormous field without recourse
— and slowly the world between
his eyelashes revolved, all blurred
as in red mirror moons.

Sun shone on the teeth of the dead horse.

But everybody was in a frantic rush
and could not feel how earth
kept searching league upon league
for the nimble, the immense, the ethereal breath
which had escaped that skeleton.

O heavy breast of the dead horse!

Translated by James Merrill

Falou-me o afinador de pianos, êsse
que mansamente escuta cada nota
e olha para os bemóis e sustenidos
ouvindo e vendo coisa mais remota.
E estão livres de engano os seus ouvidos
e suas mãos que em cada acorde acordam
os sons felizes de viverem juntos.

"Meu interêsse é de desinterêsse:
pois música e instrumento não confundo,
que afinador apenas sou, do piano,
a letra da linguagem dêsse mundo
que me eleva a conviva sôbre-humano.
Oh! que Física nova nêsse plano
para outro ouvido, sôbre outros assuntos . . ."

PYRARGYRITE METAL, 9

The piano tuner spoke to me, that tenderest
attender to each note
who looking over sharp and flat
hears and glimpses something more remote.
And his ears make no mistake
nor do his hands that in each chord awake
those sounds delighted to keep house together.

"Disinterested is my interest:
I don't confuse music and instrument, mere
piano tuner that I am,
calligrapher of that superhuman speech
which lifts me as a guest to its high sphere.
Oh! what new Physics waits up there to teach
other matters to another ear . . ."

Translated by James Merrill

Murilo Mendes

MAPA

Me colaram no tempo, me puseram
uma alma viva e um corpo desconjuntado. Estou
limitado ao norte pelos sentidos, ao sul pelo mêdo,
a leste pelo Apóstolo São Paulo, à oeste pela minha educação.
Me vejo numa nebulosa, rodando, sou um fluido,
depois chego à consciência da terra, ando como os outros,
me pregam numa cruz, numa única vida.
Colégio. Indignado, me chamam pelo número, detesto a
    hierarquia.
Me puseram o rótulo de homem, vou rindo, vou andando,
    aos solavancos.
Danço. Rio e choro, estou aqui, estou ali, desarticulado,
gosto de todos, não gosto de ninguém, batalho com os
    espíritos do ar,
alguém da terra me faz sinais, não sei mais o que é o bem
nem o mal.
Minha cabeça voou acima da baía, estou suspenso, angustiado,
no éter,
tonto de vidas, de cheiros, de movimentos, de pensamentos,
não acredito em nenhuma técnica.
Estou com os meus antepassados, me balanço em arenas
    espanholas,
é por isso que saio às vêzes pra rua combatendo personagens
    imaginários,
depois estou com os meus tios doidos, às gargalhadas,
na fazenda do interior, olhando os girassóis do jardim.
Estou no outro lado do mundo, daqui a cem anos, levantando
    populações . . .
Me desespero porque não posso estar presente a todos os atos
    da vida.
Onde esconder minha cara? O mundo samba na minha
    cabeça.

MAP

They glued me into time, they dressed me up
in a live soul and a body in pieces. I am
bounded on the north by the senses, by fear on the south,
on the east by St. Paul the apostle, by my education on the
    west.
There I am in a nebula, revolving; I am fluid;
later I am aware of the earth, I walk like others,
they nail me to a cross, all in one life.
High school. I am in a rage, they call me by a number, I
    loathe the hierarchy.
They put a sign on me that says *Man*, I laugh as I go, I walk,
    I lurch.
I dance. I laugh and cry, I'm here, there, disjointed,
Liking everybody, liking nobody, fighting with the spirits of
    the air,
somebody from the earth is signalling to me, I don't know any
    longer what's good
or what's evil.
My head went flying over the bay, I am hanging in the ether,
    in terror,
stupefied with lives, smells, motions, thoughts,
refusing to believe in any technique.
I am like my forebears, I balance on Spanish arenas,
that's why I sometimes go out into the street fighting with
    legendary characters,
then later I'm with my nutty uncles, guffawing,
on the inland plantation, looking at the sunflowers in the
    garden.
I'm on the other side of the world a hundred years from now,
    inciting the populace to revolt.
I am desperate at not being able to be present at all the events
    of life.
Where can I hide my fear? The world dances in my head.
    It's a samba.

Murilo Mendes 49

Triângulos, estrêlas, noite, mulheres andando,
presságios brotando no ar, diversos pesos e movimentos me
     chamam a atenção,
o mundo vai mudar a cara,
a morte revelará o sentido verdadeiro das coisas.

Andarei no ar.
Estarei em todos os nascimentos e em tôdas as agonias,
me aninharei nos recantos do corpo da noiva,
na cabeça dos artistas doentes, dos revolucionários . . .
Tudo transparecerá:
vulcões de ódio, explosões de amor, outras caras aparecerão
     na terra,
o vento que vem da eternidade suspenderá os passos,
dançarei na luz dos relâmpagos, beijarei sete mulheres,
vibrarei nos canjerês do mar, abraçarei as almas no ar,
me insinuarei nos outros cantos do mundo.

Almas desesperadas eu vos amo. Almas insatisfeitas, ardentes.
Detesto os que se tapeiam,
os que brincam de cabra-cega com a vida, os homens
     "práticos" . . .
Viva São Francisco e vários suicidas e amantes suicidas,
e os soldados que perderam a batalha, as mães bem mães,
as fêmeas bem fêmeas, os doidos bem doidos.
Vivam os transfigurados, ou porque eram perfeitos ou porque
     jejuavam muito . . .
viva eu, que inauguro no mundo o estado de bagunça
     transcendente.
Sou a prêsa do homem que fui há vinte anos passados,
dos amôres raros que tive,
vida de planos ardentes, desertos vibrando sob os dedos do
     amor,
tudo é ritmo do cérebro do poeta. Não me inscrevo em
     nenhuma teoria,

Triangles, stars, night, women walking,
omens blooming in the air, different weights and motions
     attract my attention,
The world is about to change its face,
death will reveal the true meaning of things.

I shall walk in the air.
I shall be in all the births and all the dyings.
I shall nestle in the hollows of the bride's body,
in the heads of ailing artists, of revolutionaries . . .
Everything will become transparent:
volcanoes of hatred, explosions of love, other faces will appear
     on earth,
the wind that comes from eternity will suspend its steps,
I shall dance by the flashes of lightning, I shall kiss seven
     women,
I shall shake in the voodoo rites of the sea, embrace souls in
     the air,
Insinuate myself into the other recesses of the world.

Souls in despair, I love you. Souls not content, and burning.
I loathe those who hoodwink themselves,
who play hide-and-seek with life, "practical" men . . .
long live St. Francis, and a selection of suicides and suicidal
     lovers,
and the soldiers who lost the battle, and the mothers who are
     really mothers,
the women who are really women, the madmen who are
     really madmen.
Long live the transfigured, who were either perfect or fasted
     long . . .
long live me, who bring into the world the state of
     transcendant confusion.
I am the prey of the man I was twenty years ago,
of the few loves I had,
life of burning plains, of deserts quaking under the fingers of
     love,
it is all the rhythm of the poet's brain. I subscribe to no
     theory,

Murilo Mendes 51

estou no ar,
na alma dos criminosos, dos amantes desesperados,
no meu quarto modesto da Praia de Botafogo,
no pensamento dos homens que movem o mundo,
nem triste nem alegre, chama com dois olhos andando,
sempre em transformação.

I am in the air,
in the souls of the criminals, of the despairing lovers,
in my modest room on Botafogo Beach,
in the thought of men who move the world,
neither sad nor light-hearted, a walking two-eyed flame,
forever changing.

Translated by W. S. Merwin

CAVALOS

Pela grande campina deserta passam os cavalos a galope.
Aonde vão êles?
Vão buscar a cabeça do Delfim rolando na escadaria.
Os cavalos nervosos sacodem no ar longas crinas azuis.
Um segura nos dentes a branca atriz morta que retirou das
    águas,
Outros levam mensagens do vento aos exploradores
    desaparecidos,
Ou carregam trigo para as populações abandonadas pelos
    chefes.
Os finos cavalos azuis relincham para os aviões
E batem a terra dura com os cascos reluzentes.
São os restos de uma antiga raça companheira do homem
Que os vai substituir pelos cavalos mecânicos
E atirá-los ao abismo da história.
Os impacientes cavalos azuis fecham a curva do horizonte,
Despertando clarins na manhã.

Murilo Mendes

HORSES

Horses gallop over the vast plain.
Going where?
Going to look for the head of the Dauphin that is rolling
 down the stairs.
The spirited horses shake out their long blue manes.
One holds in his teeth the white dead actress he drew from
 the waters,
Others carry the wind's message to vanished explorers,
Others carry wheat to peoples abandoned by their leaders.
The lean blue horses whinny toward the airplane,
Pound the hard earth with their shining hooves.
They are the last of an old race, man's companion.
He will replace them with mechanical horses
And throw them into the abyss of history.
The impatient blue horses have closed off the curve of
 the horizon,
Wakening trumpets in the dawn.

Translated by W. S. Merwin

Carlos Drummond de Andrade

VIAGEM NA FAMÍLIA

A Rodrigo M. F. de Andrade

No deserto de Itabira
a sombra de meu pai
tomou-me pela mão.
Tanto tempo perdido.
Porém nada dizia.
Não era dia nem noite.
Suspiro? Vôo de pássaro?
Porém nada dizia.

Longamente caminhamos.
Aqui havia uma casa.
A montanha era maior.
Tantos mortos amontoados,
o tempo roendo os mortos.
E nas casas em ruína,
desprêzo frio, umidade.
Porém nada dizia.

A rua que atravessava
a cavalo, de galope.
Seu relógio. Sua roupa.
Seus papéis de circunstância.
Suas histórias de amor.
Há um abrir de baús
e de lembranças violentas.
Porém nada dizia.

No deserto de Itabira
as coisas voltam a existir,
irrespiráveis e súbitas.
O mercado de desejos
expõe seus tristes tesouros;
meu anseio de fugir;

TRAVELLING IN THE FAMILY

To Rodrigo M. F. de Andrade

In the desert of Itabira
the shadow of my father
took me by the hand.
So much time lost.
But he didn't say anything.
It was neither day nor night.
A sigh? A passing bird?
But he didn't say anything.

We have come a long way.
Here there was a house.
The mountain used to be bigger.
So many heaped-up dead,
and time gnawing the dead.
And in the ruined houses,
cold disdain and damp.
But he didn't say anything.

The street he used to cross
on horseback, at a gallop.
His watch. His clothes.
His legal documents.
His tales of love-affairs.
Opening of tin trunks
and violent memories.
But he didn't say anything.

In the desert of Itabira
things come back to life,
stiflingly, suddenly.
The market of desires
displays its sad treasures;
my urge to run away;

Carlos Drummond de Andrade 57

mulheres nuas; remorso.
Porém nada dizia.

Pisando livros e cartas,
viajamos na família.
Casamentos; hipotecas;
os primos tuberculosos;
a tia louca; minha avó
traída com as escravas,
rangendo sêdas na alcova.
Porém nada dizia.

Que cruel, obscuro instinto
movia sua mão pálida
sùtilmente nos empurrando
pelo tempo e pelos lugares
defendidos?

Olhei-o nos olhos brancos.
Gritei-lhe: Fala! Minha voz
vibrou no ar um momento,
bateu nas pedras. A sombra
prosseguia devagar
aquela viagem patética
através do reino perdido.
Porém nada dizia.

Vi mágoa, incompreensão
e mais de uma velha revolta
a dividir-nos no escuro.
A mão que eu não quis beijar,
o prato que me negaram,
recusa em pedir perdão.
Orgulho. Terror noturno.
Porém nada dizia.

Fala fala fala fala.
Puxava pelo casaco
que se desfazia em barro.

naked women; remorse.
But he didn't say anything.

Stepping on books and letters
we travel in the family.
Marriages; mortgages;
the consumptive cousins;
the mad aunt; my grandmother
betrayed among the slave-girls,
rustling silks in the bedroom.
But he didn't say anything.

What cruel, obscure instinct
moved his pallid hand
subtly pushing us
into the forbidden
time, forbidden places?

I looked in his white eyes.
I cried to him: Speak! My voice
shook in the air a moment,
beat on the stones. The shadow
proceeded slowly on
with that pathetic travelling
across the lost kingdom.
But he didn't say anything.

I saw grief, misunderstand'ng
and more than one old revolt
dividing us in the dark.
The hand I wouldn't kiss,
the crumb that they denied me,
refusal to ask pardon.
Pride. Terror at night.
But he didn't say anything.

Speak speak speak speak.
I pulled him by his coat
that was turning into clay.

Pelas mãos, pelas botinas
prendia a sombra severa
e a sombra se desprendia
sem fuga nem reação.
Porém ficava calada.

E eram distintos silêncios
que se entranhavam no seu.
Era meu avô já surdo
querendo escutar as aves
pintadas no céu da igreja;
a minha falta de amigos;
a sua falta de beijos;
eram nossas difíceis vidas
e uma grande separação
na pequena área do quarto.

A pequena área da vida
me aperta contra o seu vulto,
e nêsse abraço diáfano
é como se eu me queimasse
todo, de pungente amor.
Só hoje nos conhecermos!
Óculos, memórias, retratos
fluem no rio do sangue.
As águas já não permitem
distinguir seu rosto longe,
para lá de setenta anos . . .

Senti que me perdoava
porém nada dizia.
As águas cobrem o bigode,
a família, Itabira, tudo.

By the hands, by the boots
I caught at his strict shadow
and the shadow released itself
with neither haste nor anger.
But he remained silent.

There were distinct silences
deep within his silence.
There was my deaf grandfather
hearing the painted birds
on the ceiling of the church;
my own lack of friends;
and your lack of kisses;
there were our difficult lives
and a great separation
in the little space of the room.

The narrow space of life
crowds me up against you,
and in this ghostly embrace
it's as if I were being burned
completely, with poignant love.
Only now do we know each other!
Eye-glasses, memories, portraits
flow in the river of blood.
Now the waters won't let me
make out your distant face,
distant by seventy years . . .

I felt that he pardoned me
but he didn't say anything.
The waters cover his moustache,
the family, Itabira, all.

Translated by Elizabeth Bishop

Carlos Drummond de Andrade 61

POEMA DE SETE FACES

Quando nasci, um anjo torto
dêsses que vivem na sombra
disse: Vai, Carlos, ser *gauche* na vida.

As casas espiam os homens
que correm atrás das mulheres.
A tarde talvez fôsse azul
não houvesse tantos desejos.

O bonde passa cheio de pernas:
pernas brancas pretas amarelas.
Para que tanta perna, meu Deus, pergunta meu coração.
Porém meus olhos
não perguntam nada.

O homem atrás do bigode
é sério, simples e forte.
Quase não conversa.
Tem poucos, raros amigos
o homem atrás dos óculos e do bigode.

Meus Deus, porque me abandonaste
se sabias que eu não era Deus
se sabias que eu era fraco.

Mundo mundo vasto mundo,
se eu me chamasse Raimundo,
seria uma rima, não seria uma solução.
Mundo mundo vasto mundo,
Mais vasto é meu coração.

Eu não devia te dizer,
mas essa lua
mas êsse conhaque
Botam a gente comovido como o diabo.

SEVEN-SIDED POEM

When I was born, one of the crooked
angels who live in shadow, said:
Carlos, go on! Be *gauche* in life.

The houses watch the men,
men who run after women.
If the afternoon had been blue,
there might have been less desire.

The trolley goes by full of legs:
white legs, black legs, yellow legs.
My God, why all the legs?
my heart asks. But my eyes
ask nothing at all.

The man behind the moustache
is serious, simple, and strong.
He hardly ever speaks.
He has a few, choice friends,
the man behind the spectacles and the moustache.

My God, why hast Thou forsaken me
if Thou knew'st I was not God,
if Thou knew'st that I was weak.

Universe, vast universe,
if I had been named Eugene
that would not be what I mean
but it would go into verse
faster.
Universe, vast universe,
my heart is vaster.

I oughtn't to tell you,
but this moon
and this brandy
play the devil with one's emotions.

Translated by Elizabeth Bishop
Carlos Drummond de Andrade 63

NÃO SE MATE

Carlos, sossegue, o amor
é isso que você está vendo:
hoje beija, amanhã não beija,
depois de amanhã é domingo
e segunda-feira ninguém sabe
o que será.

Inútil você resistir
ou mesmo suicidar-se.
Não se mate, oh não se mate,
reserve-se todo para
as bodas que ninguém sabe
quando virão,
se é que virão.

O amor, Carlos, você telúrico,
a noite passou em você,
e os recalques se sublimando,
lá dentro um barulho inefável,
rezas,
vitrolas,
santos que se persignam,
anúncios do melhor sabão,
barulho que ninguém sabe
de quê, praquê.

Entretanto você caminha
melancólico e vertical.
Você é a palmeira, você é o grito
que ninguém ouviu no teatro
e as luzes tôdas se apagam.
O amor no escuro, não, no claro,
é sempre triste, meu filho, Carlos,
mas não diga nada a ninguém,
ninguém sabe nem saberá.

Carlos Drummond de Andrade

DON'T KILL YOURSELF

Carlos, keep calm, love
is what you're seeing now:
today a kiss, tomorrow no kiss,
day after tomorrow's Sunday
and nobody knows what will happen
Monday.

It's useless to resist
or to commit suicide.
Don't kill yourself. Don't kill yourself!
Keep all of yourself for the nuptials
coming nobody knows when,
that is, if they ever come.

Love, Carlos, tellurian,
spent the night with you,
and now your insides are raising
an ineffable racket,
prayers,
victrolas,
saints crossing themselves,
ads for better soap,
a racket of which nobody
knows the why or wherefor.

In the meantime, you go on your way
vertical, melancholy.
You're the palm tree, you're the cry
nobody heard in the theatre
and all the lights went out.
Love in the dark, no, love
in the daylight, is always sad,
sad, Carlos, my boy,
but tell it to nobody,
nobody knows nor shall know.

Translated by Elizabeth Bishop

Carlos Drummond de Andrade   65

A MESA

E não gostavas de festa . . .
Ó velho, que festa grande
hoje te faria a gente.
E teus filhos que não bebem
e o que gosta de beber,
em tôrno da mesa larga,
largavam as tristes dietas,
esqueciam seus fricotes,
e tudo era farra honesta
acabando em confidência.
Ai, velho, ouvirias coisas
de arrepiar teus noventa.
E daí, não te assustávamos,
porque, com riso na bôca,
e a nédia galinha, o vinho
português de boa pinta,
e mais o que alguém faria
de mil coisas naturais
e fartamente poria
em mil terrinas da China,
já logo te insinuávamos
que era tudo brincadeira.
Pois sim. Teu ôlho cansado,
mas afeito a ler no campo
uma lonjura de léguas,
e na lonjura uma rês
perdida no azul azul,
entrava-nos alma adentro
e via essa lama podre
e com pesar nos fitava
e com ira amaldiçoava
e com doçura perdoava
(perdoar é rito de pais,
quando não seja de amantes).
E, pois, todo nos perdoando,
por dentro te regalavas

THE TABLE

And you never liked parties . . .
Old man, what a party
we'd give for you today.
The sons that don't drink
and the one that loves to drink,
around the wide table,
gave up their grim diets,
forgot their likes and dislikes;
it was an honest orgy
ending in revelations.
Yes, old man, you'd hear things
to shock your ninety years.
But then we didn't shock you,
because—what with the smiles,
and the fat hen, and the wine,
good wine from Portugal,
as well as what was made
from a thousand ingredients
and served up in abundance
in a thousand china dishes
— we'd implied already
that it was all in fun.
Yes, your tired eyes
used to reading the country
in distances of leagues,
and in the distance one steer
lost in the blue blue,
looked into our very souls
and saw their rotten mud,
and sadly stared right through us
and fiercely swore at us
and sweetly pardoned us
(pardon is the usual ritual
for parents, as for lovers).
And then, forgiving all,
you inwardly congratulated

de ter filhos assim . . . Puxa,
grandessíssimos safados,
me saíram bem melhor
que as encomendas. De resto,
filho de peixe . . . Calavas,
com agudo sobrecenho
interrogavas em ti
uma lembrança saudosa
e não de todo remota
e rindo por dentro e vendo
que lançaras uma ponte
dos passos loucos do avô
à incontinência dos netos,
sabendo que tôda carne
aspira à degradação,
mas numa via de fogo
e sob um arco sexual,
tossias. Hem, hem, meninos,
não sejam bobos. Meninos?
Uns marmanjos cinqüentões,
calvos, vividos, usados,
mas resguardando no peito
essa alvura de garôto,
essa fuga para o mato,
essa gula defendida
e o desejo muito simples
de pedir à mãe que cosa,
mais do que nossa camisa,
nossa alma frouxa, rasgada . . .
Ai, grande jantar mineiro
que seria êsse. . . . Comíamos,
e comer abria fome,
e comida era pretexto.
E nem mesmo precisávamos
ter apetite, que as coisas

yourself upon such children . . .
Well, the biggest scoundrels
have turned out a lot better
than I bargained for. Besides,
chips off the old . . . You stopped,
frowning suddenly,
inwardly going over
some regretted memory,
and not all that remote,
smiling to yourself, seeing
that you had thrown a bridge
from the grandfather's crazy dance
to the grandsons' escapades,
knowing that all flesh
aspires to degradation,
but on a fiery road
beneath a sexual rainbow,
you coughed. *Harrumph.* Children,
don't be silly. Children?
Great boys in our fifties,
bald, who've been around,
but keeping in our breasts
that young boy's innocence,
that running off to the woods,
that forbidden craving,
and the very simple desire
to ask our mother to mend
more than just our shirts,
our impotent, ragged souls . . .
Ah, it would be a big
*mineiro** dinner. . . . We ate,
and hunger grows with eating,
and food was just a pretext.
We didn't even need
to have appetites; everything

*Referring to the State of Minas Gerais.

Carlos Drummond de Andrade 69

deixavam-se espostejar,
e amanhã é que eram elas.
Nunca desdenhe o tutu.
Vá lá mais um torresminho.
E quanto ao peru? Farofa
há de ser acompanhada
de uma boa cachacinha,
não desfazendo em cerveja,
essa grande camarada.
Ind'outro dia . . . Comer
guarda tamanha importância
que só o prato revele
o melhor, o mais humano
dos sêres em sua treva?
Beber é pois tão sagrado
que só bebido meu mano
me desata seu queixume,
abrindo-me sua palma?
Sorver, papar: que comida
mais cheirosa, mais profunda
no seu tronco luso-árabe,
e que bebida mais santa
que a todos nos une em um
tal centímano glutão,
parlapatão e bonzão!
E nem falta a irmã que foi
mais cedo que os outros e era
rosa de nome e nascera
em dia tal como o de hoje
para enfeitar tua data.
Seu nome sabe a camélia,
e sendo uma rosa-amélia,
flor muito mais delicada
que qualquer das rosas-rosa,

was disposed of; the morning after,
we'd take the consequences.
Never disdain *tutu*.**
There goes some more crackling.
As for the turkey? *Farofa****
needs a little *cachaça*****
to keep it company,
and don't overlook the beer,
a great companion, too.
The other day . . . Does eating
hold such significance
that the bottom of the dish
alone reveals the best,
most human, of our beings?
Is drinking then so sacred
that only drunk my brother
can explain his resentment
and offer me his hand?
To eat, to drink: what food
more fragrant, more mysterious
than this Portuguese-Arabian,
and what drink is more holy
than this that joins together
such a gluttonous brotherhood,
big-mouths, good fellows all!
And the sister's there who went
before the others, and was
a rose by name, and born
on a day just like today
in order to grace your birthday.
Her name tastes of camelia
and being a rose-amelia,
a much more delicate flower
than any of the rose-roses,

**Dish made of beans mixed with manioc flour.
***Dish made of manioc flour mixed with butter, sausages, eggs, *etc*.
****Fiery liquor made from sugar cane.

Carlos Drummond de Andrade   71

viveu bem mais do que o nome,
porém no íntimo claustrava
a rosa esparsa. A teu lado,
vê: recobrou-se-lhe o viço.
Aqui sentou-se o mais velho.
Tipo do manso, do sonso,
não servia para padre,
amava casos bandalhos;
depois o tempo fêz dêle
o que faz de qualquer um;
e à medida que envelhece,
vai estranhamente sendo
retrato teu sem ser tu,
de sorte que se o diviso
de repente, sem anúncio,
és tu que me reapareces
noutro velho de sessenta.
Este outro aqui é doutor,
o bacharel da família,
mas suas letras mais doutas
são as escritas no sangue,
ou sôbre a casca das árvores.
Sabe o nome da florzinha
e não esquece o da fruta
mais rara que se prepara
num casamento genético.
Mora nêle a nostalgia,
citadino, do ar agreste,
e, camponês, do letrado.
Então vira patriarca.
Mais adiante vês aquêle
que de ti herdou a dura
vontade, o duro estoicismo.
Mas, não quis te repetir.
Achou não valer a pena
reproduzir sôbre a terra
o que a terra engolirá.
Amou. E ama. E amará.

she lived longer than the name,
although she hid, in secret,
the scattered rose. Beside you,
see: it has bloomed again.
The oldest sat down here.
A quiet, crafty type
who wouldn't make a priest,
but liked low love-affairs:
and time has made of him
what it makes of anyone;
and, without being you,
strangely, the older he grows,
the more he looks like you,
so that if I glimpse him
unexpectedly now
it is you who reappear
in another man of sixty.
This one has a degree,
the diploma of the family,
but his more learned letters
are the writings in the blood
and on the bark of trees.
He knows the names of wildflowers
and remembers those of the rarest
fruits of cross-breeding.
Nostalgia lives in him,
a countryfied city-man,
a scholarly country-man.
He's become a patriarch.
And then you see one who
inherited your hard will
and your hard stoicism.
But he didn't want to repeat you.
He thought it not worth the trouble
to reproduce on the earth
what the earth will swallow up.
He loved. He loves. And will love.

Só não quer que seu amor
seja uma prisão de dois,
um contrato, entre bocejos
e quatro pés de chinelo.
Feroz a um breve contato,
à segunda vista, sêco,
à terceira vista, lhano,
dir-se-ia que êle tem mêdo
de ser, fatalmente, humano.
Dir-se-ia que êle tem raiva,
mas que mel transcende a raiva,
e que sábios, ardilosos
recursos de se enganar
quanto a si mesmo: exercita
uma fôrça que não sabe
chamar-se, apenas, bondade.
Esta calou-se. Não quis
manter com palavras novas
o colóquio subterrâneo
que num sussuro percorre
a gente mais desatada.
Calou-se, não te aborreças.
Se tanto assim a querias,
algo nela ainda te quer,
à maneira atravessada
que é própria de nosso jeito.
(Não ser feliz tudo explica.)
Bem sei como são penosos
êsses lances de família,
e discutir neste instante
seria matar a festa,
matando-te—não se morre
uma só vez, nem de vez.
Restam sempre muitas vidas
para serem consumidas
na razão dos desencontros
de nosso sangue nos corpos
por onde vai dividido.

But he doesn't want his love
to be a prison for two,
a contract, between yawns,
and four feet in bedroom slippers.
Passionate at first meeting,
dry, the second time,
agreeable, the third,
one might say he's afraid
of being fatally human.
One might say that he rages,
but that sweetness transcends his rage
and that his clever, difficult
recourses for fooling himself
about himself exert
a force without a name
unless, perhaps, it's kindness.
One kept quiet, not wanting
to carry on the colloquy,
rustling, subterranean,
of the more talkative ones
with new words of her own.
She kept quiet, you weren't bothered.
If you loved her so much like that,
there's something in her that still
loves you, in the cross-grained way
that suits us. (Not being happy
can explain everything.)
I know, I know how painful
these family occasions are
and to argue at this minute
would be to kill the party
and you—one doesn't die
once, and not forever.
Due to the disagreements
of our blood in the bodies
it runs divided in,
there are always many lives
left to be consumed.

Ficam sempre muitas mortes
para serem longamente
reencarnadas noutro morto.
Mas estamos todos vivos.
E mais que vivos, alegres.
Estamos todos como éramos
antes de ser, e ninguém
dirá que ficou faltando
algum dos teus. Por exemplo:
ali ao canto — da mesa,
não por humilde, talvez
por ser o rei dos vaidosos
e se pelar por incômodas
posições de tipo *gauche*,
ali me vês tu. Que tal?
Fica tranqüilo: trabalho.
Afinal, a boa vida
ficou apenas: a vida
(e nem era assim tão boa
e nem se fêz muito má).
Pois êle sou eu. Repara:
tenho todos os defeitos
que não farejei em ti
e nem os tenho que tinhas,
quanto mais as qualidades.
Não importa: sou teu filho
com ser uma negativa
maneira de te afirmar.
Lá que brigamos, brigamos,
ôpa! que não foi brinquedo,
mas os caminhos do amor,
só amor sabe trilhá-los.
Tão ralo prazer te dei,
nenhum, talvez . . . ou senão,
esperança de prazer,
é, pode ser que te desse
a neutra satisfação
de alguém sentir que seu filho,

There are always many dead
left to be reincarnated
at length in another dead.
But we are all alive.
And more than alive, joyful.
We are all as we were
before we were, and no one
can say that he didn't get
something from you. For example:
there at the corner of the table,
but not to be humble, perhaps
out of pure vanity
and to show off his awkwardness
in carefully awkward poses,
there you see me. What of it?
Keep calm. Keep calm. I'm working.
After all, the good life
still is only: life
(and neither was it so good,
nor is it so very bad).
Well, that's me. Observe:
I have all the defects
I didn't smoke out in you,
nor do I have those you had,
any more than your qualities.
Never mind: I'm your son
just by being a negative
way of affirming you.
Oh, how we fought and fought!
Wow! It wasn't funny,
but—the paths of love,
only love can track them down.
I gave you such scant pleasure,
none, perhaps . . . unless
I may have given you
a sort of hope of pleasure,
the indifferent satisfaction
of one who feels his son,

de tão inútil, seria
sequer um sujeito ruim.
Não sou um sujeito ruim.
Descansa, se o suspeitavas,
mas não sou lá essas coisas.
Alguns afetos recortam
o meu coração chateado.
Se me chateio? demais.
Êsse é meu mal. Não herdei
de ti essa balda. Bem,
não me olhes tão longo tempo,
que há muitos a ver ainda.
Há oito. E todos minúsculos,
todos frustrados. Que flora
mais triste fomos achar
para ornamento de mesa!
Qual nada. De tão remotos,
de tão puros e esquecidos
no chão que suga e transforma,
são anjos. Que luminosos!
que raios de amor radiam,
e em meio a vagos cristais,
o cristal dêles retine,
reverbera a própria sombra.
São anjos que se dignaram
participar do banquete,
alisar o tamborete,
viver vida de menino.
São anjos. E mal sabias
que um mortal devolve a Deus
algo de sua divina
substância aérea e sensível,
se tem um filho e se o perde.
Conta: quatorze na mesa.
Ou trinta? serão cinqüenta,
que sei? Se chegam mais outros,
uma carne cada dia
multiplicada, cruzada

just because of being useless,
may turn out to be, at least,
not a bad character.
I'm not a bad character.
If you suspect it, stop;
I'm not any of those things.
Some affections still
can get at my bored heart.
I bore myself? Too much.
That's my trouble. One failing
I didn't inherit from you.
Well, don't keep looking at me,
there are many still to see.
Eight, and all lower-case,
all frustrated. What sadder
flora could we have found
to ornament the table!
What nothing. Of such remote,
such pure, forgotten ones
on the sucking, transforming earth,
are the angels. How luminous!
Their rays of love shine out,
and among the empty glasses
their glasses clink until
even the shadows reverberate.
They are angels that deign
to participate in the banquet,
to sit on the little stool,
to live a child's life.
They are angels that deign
that a mortal return to God
something of his divine
ethereal, sensitive substance,
if he has, and loses, a child.
Count: fourteen at the table.
Or thirty? Or were there fifty?
How do I know — if more
arrive, daily, one flesh
multiplied and crossed

a outras carnes de amor.
São cinqüenta pecadores,
se pecado é ter nascido
e provar, entre pecados,
os que nos foram legados.
A procissão de teus netos,
alongando-se em bisnetos,
veio pedir tua bênção
e comer de teu jantar.
Repara um pouquinho nesta,
no queixo, no olhar, no gesto,
e na consciência profunda
e na graça menineira,
e dize, depois de tudo,
se não é, entre meus erros,
uma imprevista verdade.
Esta é minha explicação,
meu verso melhor ou único,
meu tudo enchendo meu nada.
Agora a mesa repleta
está maior do que a casa.
Falamos de bôca cheia,
xingamo-nos mùtuamente,
rimos, ai, de arrebentar,
esquecemos o respeito
terrível, inibidor,
e tôda a alegria nossa,
ressecada em tantos negros
bródios comemorativos
(não convém lembrar agora),
os gestos acumulados
de efusão fraterna, atados
(não convém lembrar agora),
as fina-e-meigas palavras
que ditas naquele tempo
teriam mudado a vida
(não convém mudar agora),
vem tudo à mesa e se espalha

with other loving flesh?
There are fifty sinners,
if to be born's a sin,
and demonstrate, in sins,
those we were bequeathed.
The procession of your grandsons,
lengthening into great-grandsons,
comes to ask your blessing
and to eat your dinner.
Take notice, for an instant,
of the chin, the look, the gesture,
of the profound conscience,
and of the girlish grace,
and say, if, after all,
there isn't, among my errors,
an unexpected truth.
This is my explanation,
my best or unique verse,
my all, filling my nothing.
And now the table, replete,
is bigger than the house.
We talk with our mouths full,
we call each other names,
we laugh, we split our sides,
we forget the terrible
inhibiting respect,
and all our happiness
blighted in so many black
commemorative banquets
(no use remembering now),
gestures of family affection
accumulated, held back
(no use remembering now),
the kind and gentle words
that said at the right time
could have changed our lives
(no use changing now),
are at table, spreading out

qual inédita vitualha.
Oh que ceia mais celeste
e que gôzo mais do chão!
Quem preparou? que inconteste
vocação de sacrifício
pôs a mesa, teve os filhos?
quem se apagou? quem pagou
a pena dêste trabalho?
Quem foi a mão invisível
que traçou êste arabêsco
de flor em tôrno ao pudim,
como se traça uma auréola?
quem tem auréola? quem não
a tem, pois que, sendo de ouro
cuida logo em reparti-la,
e se pensa melhor faz?
quem senta do lado esquerdo,
assim curvada? que branca,
mas que branca mais que branca
tarja de cabelos brancos
retira a côr das laranjas,
anula o pó do café,
cassa o brilho aos serafins?
quem é tôda luz e é branca?
Decerto não pressentias
como o branco pode ser
uma tinta mais diversa
da mesma brancura . . . Alvura
elaborada na ausência
de ti, mas ficou perfeita,
concreta, fria, lunar.
Como pode nossa festa
ser de um só que não de dois?
Os dois ora estais reunidos
numa aliança bem maior
que o simples elo da terra.
Estais juntos nesta mesa

unprecedented food.
Oh, what more celestial supper
and what greater joy on earth!
Who prepared it? What incomparable
vocation for sacrifice
set the table, had the children?
Who was sacrificed? Who paid
the price of all this labor?
Whose was the invisible hand
that traced this arabesque
in flowers around the pudding,
as an aureole is traced?
Who has an aureole? Who
doesn't have one, since
aureoles are gold, and
wanting to share it quickly,
her thought became the deed.
Who sits at the left side,
bent over that way? What white,
but what white more than white
target of white hair
draws the color from the oranges,
cancels the coffee, and
outshines the seraphim?
Who is all light and is white?
You had no presentiment
surely, how white can be
a more diverse tinge
of whiteness itself . . . Purity
elaborated in
your absence, and made perfect,
cold, concrete and lunar.
How could our party be
for one and not for two?
Now you are reunited
in a wedding ring much greater
than the simple ring of earth,
together at this table

de madeira mais de lei
que qualquer lei da república.
Estais acima de nós,
acima dêste jantar
para o qual vos convocamos
por muito — enfim — vos querermos
e, amando, nos iludirmos
junto da mesa

        vazia.

of wood more lawful* than any
law of the republic.
Now you are above us,
and above this dinner
to which we summoned you
so far—at last—to love you
and loving, delude ourselves
at a table that is

    empty.

   Translated by Elizabeth Bishop

---

*The phrase for hardwood is *madeira de lei*, literally "lawful wood."

Carlos Drummond de Andrade 85

INFÂNCIA

Meu pai montava a cavalo, ia para o campo.
Minha mãe ficava sentada cosendo.
Meu irmão pequeno dormia.
Eu sòzinho menino entre mangueiras
lia a história de Robinson Crusoé.
Comprida história que não acaba mais.

No meio-dia branco de luz uma voz que aprendeu
a ninar nos longes da senzala — e nunca se esqueceu
chamava para o café.
Café prêto que nem a preta velha
café gostoso
café bom.

Minha mãe ficava sentada cosendo
olhando para mim:
— Psiu . . . Não acorde o menino.
Para o berço onde pousou um mosquito.
E dava um suspiro . . . que fundo!

Lá longe meu pai campeava
no mato sem fim da fazenda.

E eu não sabia que minha história
era mais bonita que a de Robinson Crusoé.

INFANCY

My father got on his horse and went to the field.
My mother stayed sitting and sewing.
My little brother slept.
A small boy alone under the mango trees,
I read the story of Robinson Crusoe,
the long story that never comes to an end.

At noon, white with light, a voice that had learned
lullabies long ago in the slave-quarters — and never forgot —
called us for coffee.
Coffee blacker than the black old woman
delicious coffee
good coffee.

My mother stayed sitting and sewing
watching me:
Shh — don't wake the boy.
She stopped the cradle when a mosquito had lit
and gave a sigh . . . how deep!
Away off there my father went riding
through the farm's endless wastes.

And I didn't know that my story
was prettier than that of Robinson Crusoe.

Translated by Elizabeth Bishop

Carlos Drummond de Andrade 87

NO MEIO DO CAMINHO

No meio do caminho tinha uma pedra
tinha uma pedra no meio do caminho
tinha uma pedra
no meio do caminho tinha uma pedra

Nunca me esquecerei dêsse acontecimento
no vida de minhas retinas tão fatigadas.
Nunca me esquecerei que no meio do caminho
tinha uma pedra
tinha uma pedra no meio do caminho
no meio do caminho tinha uma pedra.

IN THE MIDDLE OF THE ROAD

In the middle of the road there was a stone
there was a stone in the middle of the road
there was a stone
in the middle of the road there was a stone.

Never should I forget this event
in the life of my fatigued retinas.
Never should I forget that in the middle of the road
there was a stone
there was a stone in the middle of the road
in the middle of the road there was a stone.

Translated by Elizabeth Bishop

RETRATO DE FAMÍLIA

Êste retrato de família
está um tanto empoeirado.
Já não se vê no rosto do pai
quanto dinheiro êle ganhou.

Nas mãos dos tios não se percebem
as viagens que ambos fizeram.
A avó ficou lisa, amarela,
sem memórias da monarquia.

Os meninos, como estão mudados.
O rosto de Pedro é tranqüilo,
usou os melhores sonhos.
E João não é mais mentiroso.

O jardim tornou-se fantástico.
As flôres são placas cinzentas.
E a areia, sob pés extintos,
é um oceano de névoa.

No semicírculo das cadeiras
nota-se certo movimento.
As crianças trocam de lugar,
mas sem barulho: é um retrato.

Vinte anos é um grande tempo.
Modela qualquer imagem.
Se uma figura vai murchando,
outra, sorrindo, se propõe.

Êsses estranhos assentados,
meus parentes? Não acredito.
São visitas se divertindo
numa sala que se abre pouco.

FAMILY PORTRAIT

Yes, this family portrait
is a little dusty.
The father's face doesn't show
how much money he earned.

The uncles' hands don't reveal
the voyages both of them made.
The grandmother's smoothed and yellowed;
she's forgotten the monarchy.

The children, how they've changed.
Peter's face is tranquil,
that wore the best dreams.
And John's no longer a liar.

The garden's become fantastic.
The flowers are gray badges.
And the sand, beneath dead feet,
is an ocean of fog.

In the semicircle of armchairs
a certain movement is noticed.
The children are changing places,
but noiselessly! it's a picture.

Twenty years is a long time.
It can form any image.
If one face starts to wither,
another presents itself, smiling.

All these seated strangers,
my relations? I don't believe it.
They're guests amusing themselves
in a rarely-opened parlor.

Carlos Drummond de Andrade 91

Ficaram traços da família
perdidos no jeito dos corpos.
Bastante para sugerir
que um corpo é cheio de surprêsas.

A moldura dêste retrato
em vão prende suas personagens.
Estão ali voluntàriamente,
saberiam — se preciso — voar.

Poderiam sutilizar-se
no claro-escuro do salão,
ir morar no fundo dos móveis
ou no bôlso de velhos colêtes.

A casa tem muitas gavetas
e papéis, escadas compridas.
Quem sabe a malícia das coisas,
quando a matéria se aborrece?

O retrato não me responde,
êle me fita e se contempla
nos meus olhos empoeirados.
E no cristal se multiplicam

os parentes mortos e vivos.
Já não distingo os que se foram
dos que restaram. Percebo apenas
a estranha idéia de família

viajando através da carne.

Family features remain
lost in the play of bodies.
But there's enough to suggest
that a body is full of surprises.

The frame of this family portrait
holds its personages in vain.
They're there voluntarily,
they'd know how — if need be — to fly.

They could refine themselves
in the room's chiaroscuro,
live inside the furniture
or the pockets of old waistcoats.

The house has many drawers,
papers, long staircases.
When matter becomes annoyed,
who knows the malice of things?

The portrait does not reply,
it stares; in my dusty eyes
it contemplates itself.
The living and dead relations

multiply in the glass.
I don't distinguish those
that went away from those
that stay. I only perceive
the strange idea of family

travelling through the flesh.

Translated by Elizabeth Bishop

Carlos Drummond de Andrade 93

CANÇÃO

Não leves nunca de mim
A filha que tu me deste
A doce, úmida, tranqüila
Filhinha que tu me deste
Deixa-a, que bem me persiga
Seu balbucio celeste.
Não leves; deixa-a comigo
Que bem me persiga, a fim
De que eu não queira comigo
A primogênita em mim
A fria, sêca, encruada
Filha que a morte me deu
Que vive dessedentada
Do leite que não é seu
E que de noite me chama
Com a voz mais triste que há
E pra dizer que me ama
E pra chamar-me de pai.
Não deixes nunca partir
A filha que tu me deste
A fim de que eu não prefira
A outra, que é mais agreste
Mas que não parte de mim.

SONG

Never take her away,
The daughter whom you gave me,
The gentle, moist, untroubled
Small daughter whom you gave me;
O let her heavenly babbling
Beset me and enslave me.
Don't take her; let her stay,
Beset my heart, and win me,
That I may put away
The firstborn child within me,
That cold, petrific, dry
Daughter whom death once gave,
Whose life is a long cry
For milk she may not have,
And who, in the night-time, calls me
In the saddest voice that can be
Father, Father, and tells me
Of the love she feels for me.
Don't let her go away,
Her whom you gave — my daughter —
Lest I should come to favor
That wilder one, that other
Who does not leave me ever.

Translated by Richard Wilbur

Vinícius de Moraes 95

SONÊTO DE FIDELIDADE

De tudo, ao meu amor serei atento
Antes, e com tal zêlo, e sempre, e tanto
Que mesmo em face do maior encanto
Dêle se encante mais meu pensamento.

Quero vivê-lo em cada vão momento
E em seu louvor hei de espalhar meu canto
E rir meu riso e derramar meu pranto
Ao seu pesar ou seu contentamento.

E assim, quando mais tarde me procure
Quem sabe a morte, angústia de quem vive
Quem sabe a solidão, fim de quem ama

Eu possa me dizer do amor (que tive):
Que não seja imortal, pôsto que é chama
Mas que seja infinito enquanto dure.

SONNET ON FIDELITY

Above all, to my love I'll be attentive
First, and always with such ardor, so much
That even when confronted by this great
Enchantment my thoughts ascend to more delight.

I want to live it through in each vain moment
And in its honor I must spread my song
And laugh with my delight and shed my tears
When she is sad or when she is contented.

And thus, when afterward comes looking for me
Who knows what death, anxiety of the living,
Who knows what loneliness, end of the loving

I could say to myself of the love (I had):
Let it not be immortal, since it is flame
But let it be infinite while it lasts.

Translated by Ashley Brown

A PÊRA

Como de cêra
E por acaso
Fria no vaso
A entardecer

A pêra é um pomo
Em holocausto
À vida, como
Um seio exausto

Entre bananas
Supervenientes
E maçãs lhanas

Rubras, contentes
A pobre pêra:
Quem manda ser a?

THE PEAR

As if of wax
And by chance
Cold in the dish
Growing late

The pear is a fruit
Burnt offering
To life, like
A breast exhausted

Among bananas
Extraneous
And apples, candid

Ruddy, content
The poor pear:
Who brings it to be?

Translated by Ashley Brown

POEMA DE NATAL

Para isso fomos feitos:
Para lembrar e ser lembrados,
Para chorar e fazer chorar,
Para enterrar os nossos mortos —
Por isso temos braços longos para os adeuses,
Mãos para colher o que foi dado,
Dedos para cavar a terra.

Assim será nossa vida;
Uma tarde sempre a esquecer,
Uma estrêla a se apagar na treva,
Um caminho entre dois túmulos —
Por isso precisamos velar,
Falar baixo, pisar leve, ver
A noite dormir em silêncio.

Nao há muito que dizer:
Uma canção sôbre um berço,
Um verso, talvez, de amor,
Uma prece por quem se vai —
Mas que essa hora não esqueça
E que por ela os nossos corações
Se deixem, graves e simples.

Pois para isso fomos feitos:
Para a esperança no milagre,
Para a participação da poesia,
Para ver a face da morte —
De repente, nunca mais esperaremos . . .
Hoje a noite é jovem; da morte apenas
Nascemos, imensamente.

CHRISTMAS POEM

For this we were created:
To recall and to be recalled
To weep and to cause to weep
To bury our dead —
Therefore our long arms for farewells
Hands to gather what was given
Fingers to dig in the earth.

So this will be our life;
Always an afternoon to forget,
A star ending in darkness
A roadway between two tombs —
Therefore we need to watch,
To speak low, to tread softly, to see
Night sleeping in silence.

There is not much to say:
A song about a cradle
A verse, perhaps of love
A prayer for one going away —
But do not forget this hour
And by it may our hearts
Be left, sober and innocent.

Then for this we were created:
For hope in the miracle
For sharing in poetry
For seeing the face of death —
Suddenly no more shall we wait . . .
Today the night is young; from death
We are scarcely born, immensely.

Translated by Ashley Brown

SONÊTO DE INTIMIDADE

Nas tardes da fazenda há muito azul demais.
Eu saio às vêzes, sigo pelo pasto, agora
Mastigando um capim, o peito nu de fora
No pijama irreal de há três anos atrás.

Desço o rio no vau dos pequenos canais
Para ir beber na fonte a água fria e sonora
E se encontro no mato o rubro de uma aurora
Vou cuspindo-lhe o sangue em tôrno dos currais.

Fico ali respirando o cheiro bom do estrume
Entre as vacas e os bois que me olham sem ciúme
E quando por acaso uma mijada ferve

Seguida de um olhar não sem malícia e verve
Nós todos, animais, sem comoção nenhuma
Mijamos em comum numa festa de espuma.

SONNET OF INTIMACY

Farm afternoons, there's much too much blue air.
I go out sometimes, follow the pasture track,
Chewing a blade of sticky grass, chest bare,
In threadbare pajamas of three summers back,

To the little rivulets in the river-bed
For a drink of water, cold and musical,
And if I spot in the brush a glow of red,
A raspberry, spit its blood at the corral.

The smell of cow manure is delicious.
The cattle look at me unenviously
And when there comes a sudden stream and hiss

Accompanied by a look not unmalicious,
All of us, animals, unemotionally
Partake together of a pleasant piss.

Translated by Elizabeth Bishop

RECEITA DE MULHER

As muito feias que me perdoem
Mas beleza é fundamental. É preciso
Que haja qualquer coisa de flor em tudo isso
Qualquer coisa de dança, qualquer coisa de *haute couture*
Em tudo isso (ou então
Que a mulher se socialize elegantemente em azul, como
    na República Popular Chinesa).
Não há meio-têrmo possível. É preciso
Que tudo isso seja belo. E preciso que súbito
Tenha-se a impressão de ver uma garça apenas pousada
    e que um rosto
Adquira de vez em quando essa côr só encontrável no terceiro
    minuto da aurora.
É preciso que tudo isso seja sem ser, mas que se reflita e
    desabroche
No olhar dos homens. É preciso, é absolutamente preciso
Que seja tudo belo e inesperado. É preciso que umas pálpebras
    cerradas
Lembrem um verso de Éluard e que se acaricie nuns braços
Alguma coisa além da carne: que se os toque
Como ao âmbar de uma tarde. Ah, deixai-me dizer-vos
Que é preciso que a mulher que ali está como a corola ante
    o pássaro
Seja bela ou tenha pelo menos um rosto que lembre um templo e
Seja leve como um resto de nuvem: mas que seja uma nuvem
Com olhos e nádegas. Nádegas é importantíssimo. Olhos,
    então
Nem se fala, que olhem com certa maldade inocente. Uma
    bôca
Fresca (nunca úmida!) é também de extrema pertinência.
É preciso que as extremidades sejam magras; que uns ossos
Despontem, sobretudo a rótula no cruzar das pernas, e as
    pontas pélvicas
No enlaçar de uma cintura semovente,
Gravíssimo é, porém, o problema das saboneteiras: uma
    mulher sem saboneteiras
É como um rio sem pontes. Indispensável
Que haja uma hipótese de barriguinha, e em seguida

WOMAN RECIPE

May the very ugly ones forgive me, but
beauty is fundamental. It is necessary
to have something of the flower in all this,
something of dance, something of high fashion
in all this (or else
the women get socialized in blue, elegantly, like they do in
    the People's Republic of China).
No possible mid-point. It's necessary
that it all be beautiful. Necessary that suddenly one
have the impression of a heron just landed, and that
once in a while a face takes on that color found only in the
    third minute of dawn.
That all this be without being,
but that it reflect itself and
blossom in the man's eyes. Necessary, it is absolutely
    necessary that
she be beautiful and unpredictable. Necessary that closed
    eyelids
recall a verse of Eluard's, that when one caresses arms they
be something more than flesh: that one touches them
like the amber of an afternoon. Ah, let me tell you
it is necessary that the woman who stands there be petals in
    front of a bird
be beautiful, or at least have a face that makes you think of
    a temple, be
as light as a trailing wisp of cloud: but that she be a cloud
with eyes and buttocks. The butt is very important. Eyes
    beyond any doubt, that
look out with a certain innocent evil. A fresh mouth
(not wet!) is also much to the point. It is necessary
the extremities be thin, that a few bones show,
especially the knee when crossing the legs, and the pelvic bones
in the interlace of a waist that moves by itself,
very serious, however, is the problem of collarbones: a woman
    without collarbones
is like a river without bridges. Indispensable that
there be a little hypothesis of a belly, and then the

Vinícius de Moraes 105

A mulher se alteie em cálice, e que seus seios
Sejam uma expressão greco-romana, mais que gótica ou
    barrôca
E possam iluminar o escuro com uma capacidade mínima de
    5 velas.
Sobremodo pertinaz é estarem a caveira e a coluna vertebral
Levemente à mostra; e que exista um grande latifúndio dorsal!
Os membros que terminem como hastes, mas bem haja um
    certo volume de coxas
E que elas sejam lisas, lisas como a pétala e cobertas de
    suavíssima penugem
No entanto, sensível à carícia em sentido contrário.
É aconselhável na axila uma doce relva com aroma próprio
Apenas sensível (um mínimo de produtos farmacêuticos!)
Preferíveis sem dúvida os pescoços longos
De forma que a cabeça dê por vêzes a impressão
De nada ter a ver com o corpo, e a mulher não lembre
Flôres sem mistério. Pés e mãos devem conter elementos
    góticos
Discretos. A pele deve ser fresca nas mãos, nos braços, no
    dorso e na face
Mas que as concavidades e reentrâncias tenham uma
    temperatura nunca inferior
A 37° centígrados, podendo eventualmente provocar
    queimaduras
Do 1° grau. Os olhos, que sejam de preferência grandes
E de rotação pelo menos tão lenta quanto a da Terra; e
Que se coloquem sempre para lá de um invisível muro de
    paixão
Que é preciso ultrapassar. Que a mulher seja em princípio
    alta
Ou, caso baixa, que tenha a atitude mental dos altos
    píncaros.
Ah, que a mulher dê sempre a impressão de que, se se fechar
    os olhos
Ao abri-los ela não mais estará presente
Com seu sorriso e suas tramas. Que ela surja, não venha:
    parta, não vá
E que possua uma certa capacidade de emudecer sùbitamente

woman grow into a chalice, that her breasts
have a Greco-Roman expressiveness, rather than Gothic or
      Baroque
and that they be able to illuminate the dark with a minimum
      5-watt capacity.
The shape of the skull is highly pertinent, and that the
      backbone show a bit; and there ought to exist a huge
      dorsal estate!
Arms and legs might end like stems, but there should be a
      certain volume of thighs,
and they should be smooth, smooth as petals, and covered
      with softest down,
however sensitive to caresses in the other direction. It is
advisable to have sweet armpit turf with its own aroma, hardly
      noticeable (a minimum of drugstore products!) Doubtless
      there's a preference for long necks so that the head
      gives, from time to time, the
impression of having nothing to do with the body, and the
      woman
would never think of flowers apart from mystery.
Feet and hands should contain discreet Gothic elements. The
      skin
should be cool on the hands, on the arms, on the back and on
      the face
but the concavities and angles should have a temperature
      never lower than 98.6° Fahrenheit, being able eventually, to
provoke first-degree burns. The eyes preferably large with
a rotation rate
at least as slow as the earth's; & stand always beyond an
      invisible wall of passion, which must,
of necessity, be surpassed. Let the woman be, to begin with,
      tall, or, being short, have
the mental disposition of high summits. Ah, the woman
should always give the impression that, if one close the eyes
& open them, she will vanish, her schemes & smiles.
She should not approach, she should appear,
leave, not go,
& should have a certain capacity for suddenly growing silent,

e nos fazer beber
O fel da dúvida. Oh, sobretudo
Que ela não perca nunca, não importa em que mundo
Não importa em que circunstâncias, a sua infinita
  volubilidade
De pássaro; e que acariciada no fundo de si mesma
Transforme-se em fera sem perder sua graça de ave; e que
  exale sempre
O impossível perfume; e destile sempre
O embriagante mel; e cante sempre o inaudível canto
Da sua combustão; e não deixe de ser nunca a eterna dançarina
Do efêmero; e em sua incalculável imperfeição
Constitua a coisa mais bela e mais perfeita de tôda a criação
  inumerável.

of making us drink the bile of suspicion. Oh, & above all
   she should never lose,
no matter the world, no
matter under what circumstances, her
talky, birdlike changeability, & when touched deep within
   herself
become wild, not losing the bird's grace; & should exhale
   always
the impossible perfume; and always distill honey
that gets you drunk; and sing always the voiceless
song of her tumult; & always be the eternal dancer of the
   short-lived day; and in her countless imperfection become
the most beautiful, most perfect thing in all
innumerable creation.

                              Translated by Paul Blackburn

SONÊTO DE SEPARAÇÃO

De repente do riso fêz-se o pranto
Silencioso e branco como a bruma
E das bôcas unidas fêz-se a espuma
E das mãos espalmadas fêz-se o espanto.

De repente da calma fêz-se o vento
Que dos olhos desfez a última chama
E da paixão fêz-se o pressentimento
E do momento imóvel fêz-se o drama.

De repente, não mais que de repente
Fêz-se de triste o que se fêz amante
E de sòzinho o que se fêz contente

Fêz-se do amigo próximo o distante
Fêz-se da vida uma aventura errante
De repente, não mais que de repente.

SONNET ON SEPARATION

Suddenly laughter became sobbing
Silent and white like the mist
And united mouths became foam
And upturned hands became astonished.

Suddenly the calm became the wind
That extinguished the last flame in the eyes
And passion became foreboding
And the still moment became drama.

Suddenly, no more than suddenly
He who'd become a lover became sad
And he who'd become content became lonely

The near became the distant friend
Life became a vagrant venture
Suddenly, no more than suddenly.

Translated by Ashley Brown

Vinícius de Moraes 111

Mauro Mota

O GALO

É a noite negra e é o galo rubro,
da madrugada o industrial.
É a noite negra sôbre o mundo
e o galo rubro no quintal.

A noite desce, o galo sobe,
plumas de fogo e de metal,
desfecha golpe sôbre golpe
na treva indimensional.

Afia os esporões e o bico,
canta o seu canto auroreal.
O galo inflama-se e fabrica
a madrugada no quintal.

THE COCK

It is the black night, the crimson cock,
it is the industrial dawn.
It is the black night over the world,
the crimson cock behind the house.

The night descends, the cock arises,
plumes of fire and metal
burst forth one after the other
in the immeasurable dark.

The cock sharpens his spurs and beak
and sings his auroral song.
The cock ignites himself and brings about
the dawn behind the house.

Translated by Mark Strand

ESPAÇO JORNAL

No espaço jornal
a sombra come a laranja
a laranja se atira no rio,
não é um rio, é o mar
que transborda de meu ôlho.

No espaço jornal
nascendo do relógio
vejo mãos, não palavras,
sonho alta noite a mulher
tenho a mulher e o peixe.

No espaço jornal
esqueço o lar o mar
perco a fome a memória
me suicido inùtilmente
no espaço jornal.

DAILY SPACE

In the daily space
the shadow eats the orange
the orange throws itself into the river
it's not a river, it's the sea
overflowing from my eye.

In the daily space
born out of the clock
I see hands not words,
late at night I dream up the woman,
I have the woman and the fish.

In the daily space
I forget the home the sea
I lose hunger memory
I kill myself uselessly
in the daily space.

Translated by W. S. Merwin

JANELAS

Há um homem sonhando
numa praia; um outro
que nunca sabe as datas;
há um homem fugindo
de uma árvore; outro que perdeu
seu barco ou seu chapéu;
há um homem que é soldado;
outro que faz de avião;
outro que vai esquecendo
sua hora seu mistério
seu mêdo da palavra véu;
e em forma de navio
há ainda um que adormeceu.

WINDOWS

Here is a man dreaming
along the beach. Another
who never remembers dates.
Here is a man running away
from a tree; here is another
who's lost his boat, or his hat.
Here is a man who is a soldier;
another being an airplane;
another going, forgetting
his hour, his mystery
his fear of the word "veil";
and in the shape of a ship,
still another who slept.

Translated by Jean Valentine

POEMA

Meus olhos têm telescópios
espiando a rua,
espiando minha alma
longe de mim mil metros.

Mulheres vão e vêm nadando
em rios invisíveis.
Automóveis como peixes cegos
compõem minhas visões mecânicas.

Há vinte anos não digo a palavra
que sempre espero de mim.
Ficarei indefinidamente contemplando
meu retrato eu morto.

POEM

My eyes have telescopes
trained on the street
trained on my soul
a mile away.

Women come and go swimming
in invisible rivers.
Cars like blind fish
compose my mechanical visions.

For twenty years I've not said the word
I always expect from me.
I'll go on indefinitely gazing
at the portrait of me, dead.

Translated by W. S. Merwin

O FIM DO MUNDO

No fim de um mundo melancólico
os homens lêem jornais.
Homens indiferentes a comer laranjas
que ardem como o sol.

Me deram uma maçã para lembrar
a morte. Sei que cidades telegrafam
pedindo querosene. O véu que olhei voar
caíu no deserto.

O poema final ninguém escreverá
dêsse mundo particular de doze horas.
Em vez de juízo final a mim me preocupa
o sonho final.

THE END OF THE WORLD

At the end of a melancholy world
men read the newspapers.
Men indifferent to eating oranges
that flame like the sun.

They gave me an apple to remind me
of death. I know that cities telegraph
asking for kerosene. The veil I saw flying
fell in the desert.

No one will write the final poem
about this particular twelve o'clock world.
Instead of the last judgment, what worries me
is the final dream.

Translated by James Wright

CEMITÉRIO PERNAMBUCANO
(Nossa Senhora da Luz)

Nesta terra ninguém jaz,
pois também não jaz um rio
noutro rio, nem o mar
é cemitério de rios.

Nenhum dos mortos daqui
vem vestido de caixão.
Portanto, êles não se enterram,
são derramados no chão.

Vêm em rêdes de varandas
abertas ao sol e à chuva.
Trazem suas próprias môscas.
O chão lhes vai como luva.

Mortos ao ar-livre, que eram,
hoje à terra-livre estão.
São tão da terra que a terra
nem sente sua intrusão.

CEMETERY IN PERNAMBUCO
(Our Lady of Light)

Nobody lies in this earth
because no river is at rest
in any other river, nor is the sea
a potter's field of rivers.

None of these dead men here
comes dressed in a coffin.
Therefore they are not buried
but spilled out on the ground.

Wrapped in the hammocks they slept in,
naked to sun and rain,
they come bringing their own flies.
The ground fits them like a glove.

Dead, they lived in the open air.
Today they inhabit open earth,
so much the earth's that the earth
does not feel their intrusion.

                    Translated by Jane Cooper

CEMITÉRIO PERNAMBUCANO
(São Lourenço da Mata)

É cemitério marinho
mas marinho de outro mar.
Foi aberto para os mortos
que afoga o canavial.

As covas no chão parecem
as ondas de qualquer mar,
mesmo as de cana, lá fora,
lambendo os muros de cal.

Pois que os carneiros de terra
parecem ondas de mar,
não levam nomes: uma onda
onde se viu batizar?

Também marinho: porque
as caídas cruzes que há
são menos cruzes que mastros
quando a meio naufragar.

CEMETERY IN PERNAMBUCO
(St. Lawrence of the Woods)

This is a marine cemetery
but marine of some other sea.
It was opened for the dead
drowned by the canefield.

The hollows in the dirt seem
the waves of any sea —
even waves of sugarcane lapping,
far out, those whitewashed walls.

Because the graves of earth
seem waves of sea
they have no names: where
was a wave ever christened?

Marine also: because
the fallen crosses you see
are less crosses than masts
already half shipwrecked.

Translated by Jane Cooper

João Cabral de Melo Neto   125

MORTE E VIDA SEVERINA

(auto de natal pernambucano, 1954-1955)

I

O RETIRANTE EXPLICA AO LEITOR QUEM É E A QUE VAI

— O meu nome é Severino,
não tenho outro de pia.
Como há muitos Severinos,
que é santo de romaria,
deram então de me chamar
Severino de Maria;
como há muitos Severinos
com mães chamadas Maria,
fiquei sendo o da Maria
do finado Zacarias.
Mas isso ainda diz pouco:
há muitos na freguesia,
por causa de um coronel
que se chamou Zacarias
e que foi o mais antigo
senhor desta sesmaria.
Como então dizer quem fala
ora a Vossas Senhorias?
Vejamos: é o Severino
da Maria do Zacarias,
lá da serra da Costela,
limites da Paraíba.
Mas isso ainda diz pouco:
se ao menos mais cinco havia
com nome de Severino
filhos de tantas Marias
mulheres de outros tantos,
já finados, Zacarias,
vivendo na mesma serra
magra e ossuda em que eu vivia.
Somos muitos Severinos

From "THE DEATH AND LIFE OF A SEVERINO"
A Pernambuco Christmas Play, 1954-1955

I

— My name is Severino,
I have no Christian name.
There are lots of Severinos
(a saint of pilgrimages)
so they began to call me
Maria's Severino.
There are lots of Severinos
with mothers called Maria,
so I became Maria's
of Zacarias, deceased.
But still this doesn't tell much:
there are many in the parish
because of a certain colonel*
whose name was Zacarias
who was the very earliest
senhor of this region.
Then how explain who's speaking
to Your Excellencies?
Let's see: the Severino
of Maria of Zacarias,
from the Mountain of the Rib,
at the end of Paraiba.
But still this doesn't mean much.
There were at least five more
with the name of Severino,
sons of so many Marias,
wives of so many other
Zacariases, deceased,
living on the same thin,
bony mountain where I lived.
There are lots of Severinos;

---

*"Colonel" means any big landowner, not necessarily a real colonel.

João Cabral de Melo Neto   127

iguais em tudo na vida:
na mesma cabeça grande
que a custo é que se equilibra,
no mesmo ventre crescido
sôbre as mesmas pernas finas,
e iguais também porque o sangue
que usamos tem pouca tinta.
E se somos Severinos
iguais em tudo na vida,
morremos de morte igual,
mesma morte severina:
que é a morte de que se morre
de velhice antes dos trinta,
de emboscada antes dos vinte,
de fome um pouco por dia
(de fraqueza e de doença
é que a morte severina
ataca em qualquer idade,
e até gente não nascida).
Somos muitos Severinos
iguais em tudo e na sina:
a de abrandar estas pedras
suando-se muito em cima,
a de tentar despertar
terra sempre mais extinta,
a de querer arrancar
algum roçado da cinza.
Mas, para que me conheçam
melhor Vossas Senhorias
e melhor possam seguir
a história de minha vida,
passo a ser o Severino
que em vossa presença emigra.

we are exactly alike:
exactly the same big head
that's hard to balance properly,
the same swollen belly
on the same skinny legs,
alike because the blood
we use has little color.
And if we Severinos
are all the same in life,
we die the same death,
the same Severino death.
The death of those who die
of old age before thirty,
of an ambuscade before twenty,
of hunger a little daily.
(The Severino death
from sickness and from hunger
attacks at any age,
even the unborn child.)
We are many Severinos
and our destiny's the same:
to soften up these stones
by sweating over them,
to try to bring to life
a dead and deader land,
to try to wrest a farm
out of burnt-over land.
But, so that Your Excellencies
can recognize me better
and be able to follow better
the story of my life,
I'll be the Severino
you'll now see emigrate.

II.

— A quem estais carregando,
irmãos das almas,
embrulhado nessa rêde?
dizei que eu saiba.
— A um defunto de nada,
irmão das almas,
que há muitas horas viaja
à sua morada.
— E sabeis quem era êle,
irmãos das almas,
sabeis como êle se chama
ou se chamava?
— Severino Lavrador,
irmão das almas,
Severino Lavrador,
mas já não lavra.
— E de onde que o estais trazendo,
irmãos das almas,
onde foi que começou
vossa jornada?
— Onde a Caatinga é mais sêca,
irmão das almas,
onde uma terra que não dá
nem planta brava.
— E foi morrida essa morte,
irmãos das almas,
essa foi morte morrida
ou foi matada?
— Até que não foi morrida,
irmão das almas,
esta foi morte matada,

II.

HE MEETS TWO MEN CARRYING A CORPSE IN A HAMMOCK
AND CRYING "BROTHERS OF SOULS! BROTHERS OF SOULS!
I DIDN'T KILL HIM, NOT I!"

— Whom are you carrying,
brothers of souls,
wrapped in that hammock?
kindly inform me.
— A defunct nobody,
brother of souls,
travelling long hours to
his resting place.
— Do you know who he was,
brothers of souls?
Do you know what his name is,
or what it was?
— Severino Farmer,
brother of souls,
Severino Farmer,
farming no more.
— From where do you bring him,
brothers of souls?
Where did you start out
on your long journey?
— From the dryest of lands,
brother of souls,
from the land where not even
wild plants will grow.
— Did he die of this death,
brothers of souls,
was it this death he died of,
or was he killed?
— It wasn't that death,
brother of souls,
it was death by killing,

The "brothers of souls" refrain refers to a religious sect in the north of
Brazil, one of whose duties is the burial of the pauper dead.

João Cabral de Melo Neto   131

numa emboscada.
— E o que guardava a emboscada,
irmãos das almas,
e com que foi que o mataram,
com faca ou bala?
— Êste foi morto de bala,
irmão das almas,
mais garantido é de bala,
mais longe vara.
— E quem foi que o emboscou,
irmãos das almas,
quem contra êle soltou
essa ave-bala?
— Ali é difícil dizer,
irmão das almas,
sempre há uma bala voando
desocupada.
— E o que havia êle feito
irmãos das almas,
e o que havia êle feito
contra a tal pássara?
— Ter uns hectares de terra,
irmão das almas,
de pedra e areia lavada
que cultivava.
— Mas que roças que êle tinha,
irmãos das almas,
que podia êle plantar
na pedra avara?
— Nos magros lábios de areia,
irmão das almas,
dos intervalos das pedras,
plantava palha.
— E era grande sua lavoura,
irmãos das almas,
lavoura de muitas covas,
tão cobiçada?
— Tinha sòmente dez quadros,
irmão das almas,

in ambuscade.
— And who hid in ambush,
brothers of souls?
And with what did they kill him,
a knife or a bullet?
— This was a bullet death,
brother of souls.
A bullet's more certain
(it goes in deeper).
— And who was it ambushed him,
brothers of souls,
who let this bullet bird
out, to harm him?
— That's hard to answer,
brother of souls,
there's always a bullet
idle and flying.
— But what had he done,
brothers of souls,
what had he done,
to harm such a bird?
— He owned a few acres,
brother of souls,
of stone and leeched sand
he cultivated.
— But did he have fields,
brothers of souls,
how could he plant
on the barren rock?
— In the thin lips of sand,
brother of souls,
in the stones' intervals,
he planted straw.
— And was his farm big,
brothers of souls,
was his farm so big
that they coveted it?
— He had only two acres,
brother of souls,

todos nos ombros da serra,
nenhuma várzea.
— Mas então por que o mataram,
irmãos das almas,
mas então por que o mataram
com espingarda?
— Queria mais espalhar-se,
irmão das almas,
queria voar mais livre
essa ave-bala.
— E agora o que passará,
irmãos das almas,
o que é que acontecerá
contra a espingarda?
— Mais campo tem para soltar,
irmão das almas,
tem mais onde fazer voar
as filhas-bala.
— E onde o levais a enterrar,
irmãos das almas,
com a semente de chumbo
que tem guardada?
— Ao cemitério de Tôrres,
irmão das almas,
que hoje se diz Toritama,
de madrugada.
— E poderei ajudar,
irmãos das almas?
vou passar por Toritama,
é minha estrada.
— Bem que poderá ajudar,
irmão das almas,
é irmão das almas quem ouve
nossa chamada.
— E um de nós pode voltar,
irmão das almas,
pode voltar daqui mesmo
para sua casa.
— Vou eu, que a viagem é longa,

on the mountain's shoulder,
and neither one level.
— Then why did they kill him,
brothers of souls,
why did they kill him
with a shotgun?
— It wanted to spread itself,
brother of souls,
this bullet bird wanted
to fly more freely.
— And now what will happen,
brothers of souls,
will measures be taken
against that gun?
— It has more space to fly in,
brother of souls,
more space and more bullets
to teach to fly.
— And where will you bury him,
brothers of souls,
with the seed still in him,
the seed of lead?
— In the graveyard of Torres,
brother of souls,
(now Toritama)
at break of day.
— And can I help you,
brothers of souls,
since I pass Toritama,
it's on my way.
— Yes, you can help us,
brother of souls,
it's a brother of souls
who hears our call.
And then go back,
brother of souls,
you can go back
from there to your home.
— I'll go back; it's far,

irmãos das almas,
é muito longa a viagem
e a serra é alta.
— Mais sorte tem o defunto,
irmãos das almas,
pois já não fará na volta
a caminhada.
— Toritama não cai longe,
irmão das almas,
seremos no campo santo
de madrugada.
— Partamos enquanto é noite,
irmão das almas,
que é o melhor lençol dos mortos
noite fechada.

brothers of souls,
it's a long day's march
and the mountain is high.
The defunct is luckier,
brothers of souls,
since he won't be going
the long way back.
— Toritama is near,
brother of souls,
we'll reach holy ground
by break of day.
— Let's go while it's night,
brothers of souls,
for the dead's best shroud
is a starless night.

APARECEM E SE APROXIMAM DA CASA DO HOMEM
VIZINHOS, AMIGOS, DUAS CIGANAS, ETC.

— Todo o céu e a terra
lhe cantam louvor.
Foi por êle que a maré
esta noite não baixou.
— Foi por êle que a maré
fêz parar o seu motor:
a lama ficou coberta
e o mau-cheiro não voou.
— E a alfazema do sargaço,
ácida, desinfetante,
veio varrer nossas ruas
enviada do mar distante.
— E a língua sêca de esponja
que tem o vento terral
veio enxugar a umidade
do encharcado lamaçal.
— Todo o céu e a terra
lhe cantam louvor
e cada casa se torna
num mucambo sedutor.
— Cada casebre se torna
no mucambo modelar
que tanto celebram os
sociólogos do lugar.
— E a banda de maruins
que tôda noite se ouvia
pro causa dêle, esta noite,
creio que não irradia.
— E êste rio de água cega,
ou baça, de comer terra,
que jamais espelha o céu,
hoje enfeitou-se de estrêlas.

XIV.
(A Child Has Just Been Born)
NEIGHBORS, FRIENDS, TWO GYPSIES, ET AL. ARRIVE AND STAND
TALKING IN THE DOORWAY OF THE MAN'S HOUSE

— All the heaven and earth
are singing in his praise.
It was for him the tide
didn't go out tonight.
— It was for him the tide
made its motor stop.
The mud stayed covered up
and the stench didn't rise.
— And Sargasso lavender,
acid and disinfectant,
came to sweep our streets,
sent from the distant sea.
— And the sponge-dry tongue
of wind from the interior
came to suck the moisture
out of the stagnant puddle.
— All the heaven and earth
are singing in his praise.
And every house becomes
an inviting refuge.
— Every hut becomes
the kind of ideal refuge
highly thought of by
the sociologists.
— The orchestra of mosquitoes
that broadcasts every night,
because of him, I think,
is off the air tonight.
— And this river, always blind,
opaque from eating dirt,
that never reflects the sky,
has adorned itself with stars.

Translated by Elizabeth Bishop

João Cabral de Melo Neto 139

IMITAÇÃO DA ÁGUA

De flanco sôbre o lençol,
paisagem já tão marinha,
á uma onda deitada,
na praia, te parecias.

Uma onda que parava
ou melhor: que se continha;
que contivesse um momento
seu rumor de fôlhas líquidas.

Uma onda que parava
naquela hora precisa
em que a pálpebra da onda
cai sôbre a própria pupila.

Uma onda que parara
ao dobrar-se, interrompida,
que imóvel se interrompesse
no alto de sua crista

e se fizesse montanha
(por horizontal e fixa),
mas que ao se fazer montanha
continuasse água ainda.

Uma onda que guardasse
na praia cama, finita,
a natureza sem fim
do mar de que participa,

e em sua imobilidade,
que precária se adivinha,
o dom de se derramar
que as águas faz femininas

IMITATION OF WATER

On the sheet, on your side,
already so marine a scene,
you were looking like a wave
lying down on the beach.

A wave that was stopping
or better: that was refraining;
that would contain a moment
its murmur of liquid leaves.

A wave that was stopping
at that precise hour
when the eyelid of the wave
drops over its own pupil.

A wave that was stopping
in breaking, interrupted,
would stop itself, immobile,
at the height of its crest

and would make itself a mountain
(being horizontal and fixed)
but in becoming a mountain
would yet continue to be water.

A wave that would keep,
in a seashore bed, finite,
the nature without end
that it shares with the sea,

and in its immobility,
guessed to be precarious,
the gift of overflowing
that makes the waters feminine,

João Cabral de Melo Neto 141

mais o clima de águas fundas,
a intimidade sombria
e certo abraçar completo
que dos líquidos copias.

and the climate of deep waters,
the shadowy intimacy,
and a certain full embrace
you copy from the liquids.

Translated by Ashley Brown

AS NUVENS

As nuvens são cabelos
crescendo como rios;
são os gestos brancos
da cantora muda;

são estátuas em vôo
à beira de um mar;
a flora e a fauna leves
de países de vento;

são o ôlho pintado
escorrendo imóvel;
a mulher que se debruça
nas varandas do sono;

são a morte (a espera da)
atrás dos olhos fechados;
a medicina, branca!
nossos dias brancos.

THE CLOUDS

The clouds are hair
rising like rivers;
are the white gestures
of the mute singer;

are statues in flight
at the edge of the sea;
light fauna and flora
of countries of wind;

are the painted eye
sliding motionless;
the woman who leans
on the edges of sleep;

are the death (the hope of)
behind the closed eyes;
the remedy, white!
our white days.

Translated by Ashley Brown

O MAR E O CANAVIAL

O que o mar sim aprende do canavial:
a elocução horizontal de seu verso;
a geórgica de cordel, ininterrupta,
narrada em voz e silêncio paralelos.
O que o mar não aprende do canavial;
a veemência passional da preamar;
a mão-de-pilão das ondas na areia,
moída e miúda, pilada do que pilar.

O que o canavial sim aprende do mar:
o avançar em linha rasteira da onda;
o espraiar-se minucioso, de líquido,
alagando cova a cova onde se alonga.
O que o canavial não aprende do mar:
o desmedido do derrarmar-se da cana;
o comedimento do latifúndio do mar,
que menos lastradamente se derrama.

THE SEA AND THE CANEFIELD

The sea Yes learns from the canefield
the horizontal eloquence of its verse,
georgics of the news-stand, uninterrupted,
spoken aloud and parallel in silence.
The sea does not learn from the canefield
to rise in a passionate tide,
a pestle pounding the beach,
crushing the sand, making it finer.

The canefield Yes learns from the sea
to advance in a creeping line,
to spread itself out
hole by hole up to the tideline.
The canefield does not learn from the sea
how the sugarcane is always flowing;
that the sea is held, and flows
less heavily, for it is held.

Translated by Louis Simpson

A EDUCAÇÃO PELA PEDRA

Uma educação pela pedra: por lições;
para aprender da pedra, freqüentá-la;
captar sua voz inenfática, impessoal
(pela de dicção ela começa as aulas).
A lição de moral, sua resistência fria
ao que flui e a fluir, a ser maleada;
a de poética, sua carnadura concreta;
a de economia, seu adensar-se compacta:
lições da pedra (de fora para dentro,
cartilha muda), para quem soletrá-la.

Outra educação pela pedra: no Sertão
(de dentro para fora, e pré-didática).
No Sertão a pedra não sabe lecionar,
e se lecionasse, não ensinaria nada;
lá não se aprende a pedra: lá a pedra,
uma pedra de nascença, entranha a alma.

EDUCATION BY STONE

An education by stone: through lessons,
to learn from the stone: to go to it often,
to catch its level, impersonal voice
(by its choice of words it begins its classes).
The lesson in morals, the stone's cold resistance
to flow, to flowing, to being hammered:
the lesson in poetics, its concrete flesh:
in economics, how to grow dense compactly:
lessons from the stone, (from without to within,
dumb primer), for the routine speller of spells.

Another education by stone: in the backlands
(from within to without and pre-didactic place).
In the backlands stone does not know how to lecture,
and, even if it did would teach nothing:
you don't learn the stone, there: there, the stone,
born stone, penetrates the soul.

Translated by James Wright

TECENDO A MANHÃ

Um galo sòzinho não tece uma manhã:
êle precisará sempre de outros galos.
De um que apanhe êsse grito que êle
e o lance a outro; de um outro galo
que apanhe o grito que um galo antes
e o lance a outro; e de outros galos
que com muitos outros galos se cruzem
os fios de sol de seus gritos de galo,
para que a manhã, desde uma teia tênue,
se vá tecendo, entre todos os galos.

2.

E se encorpando em tela, entre todos,
se erguendo tenda, onde entrem todos,
se entretendendo para todos, no tôldo
(a manhã) que plana livre de armação.
A manhã, toldo de um tecido tão aéreo
que, tecido, se eleva por si: luz balão.

WEAVING THE MORNING

One rooster does not weave a morning,
he will always need the other roosters,
one to pick up the shout that he
and toss it to another, another rooster
to pick up the shout that a rooster before him
and toss it to another, and other roosters
with many other roosters to criss-cross
the sun-threads of their rooster-shouts
so that the morning, starting from a frail cobweb,
may go on being woven, among all the roosters.

2.

And growing larger, becoming cloth,
pitching itself a tent where they all may enter,
inter-unfurling itself for them all, in the tent
(the morning, which soars free of ties and ropes —
the morning, tent of a weave so light
that, woven, it lifts itself through itself: balloon light.

Translated by Galway Kinnell

O CANAVIAL E O MAR

O que o mar sim ensina ao canavial:
o avançar em linha rasteira da onda;
o espraiar-se minucioso, de líquido,
alagando cova a cova onde se alonga.
O que o canavial sim ensina ao mar:
a elocução horizontal de seu verso;
a geórgica de cordel, ininterrupta,
narrada em voz e silêncio paralelos.

2.

O que o mar não ensina ao canavial:
a veemência passional da preamar;
a mão-de-pilão das ondas na areia,
moída e miúda, pilada do que pilar.
O que o canavial não ensina ao mar:
o desmedido do derramar-se da cana;
o comedimento do latifúndio do mar,
que menos lastradamente se derrama.

THE CANEFIELD AND THE SEA

The sea Yes teaches the canefield:
to advance in a creeping line,
to spread itself out
hole by hole up to the tideline.
The canefield Yes teaches the sea
the horizontal eloquence of its verse,
georgics of the news-stand, uninterrupted,
spoken aloud and parallel in silence.

2.

The sea does not teach the canefield:
to rise in a passionate tide;
a pestle pounding the beach,
crushing the sand, making it finer.
The canefield does not teach the sea:
how the sugarcane is always flowing;
that the sea is held, and flows
less heavily, for it is held.

Translated by Louis Simpson

UMA FACA SÓ LÂMINA

Para Vinícius de Moraes

Assim como uma bala
enterrada no corpo,
fazendo mais espêsso
um dos lados do morto;

assim como uma bala
do chumbo mais pesado,
no músculo de um homem
pesando-o mais de um lado;

qual bala que tivesse
um vivo mecanismo,
bala que possuísse
um coração ativo

igual ao de um relógio
submerso em algum corpo,
ao de um relógio vivo
e também revoltoso,

relógio que tivesse
o gume de uma faca
e tôda a impiedade
de lâmina azulada;

assim como uma faca
que sem bôlso ou bainha
se transformasse em parte
de vossa anatomia;

qual uma faca íntima
ou faca de uso interno,
habitando num corpo
como o próprio esqueleto

A KNIFE ALL BLADE

For Vinícius de Moraes

Like a bullet
buried in flesh
weighting down one side
of the dead man,

like a bullet
made of a heavier lead
lodged in some muscle
making the man tip to one side,

like a bullet fired
from a living machine
a bullet which had
its own heartbeat,

like a clock's
beating deep down in the body
of a clock who once lived
and rebelled,

clock whose hands
had knife-edges
and all the pitilessness
of blued steel.

Yes, like a knife
without pocket or sheath
transformed into part
of your anatomy,

a most intimate knife
a knife for internal use
inhabiting the body
like the skeleton itself

João Cabral de Melo Neto 155

de um homem que o tivesse,
e sempre, doloroso,
de homem que se ferisse
contra seus próprios ossos.

[This section is followed by ten additional sections.]

of the man who would own it,
in pain, always in pain,
of the man who would wound himself
against his own bones.

Translated by Galway Kinnell

OS VAZIOS DO HOMEM

Os vazios do homem não sentem ao nada
do vazio qualquer: do do casaco vazio,
do da saca vazia (que não ficam de pé
quando vazios, ou o homem com vazios);
os vazios do homem sentem a um cheio
de uma coisa que inchasse já inchada;
ou ao que deve sentir, quando cheia,
uma saca: todavia não, qualquer saca.
Os vazios do homem, êsse vazio cheio,
não sentem ao que uma saca de tijolos,
uma saca de rebites; nem têm o pulso
que bate numa de sementes, de ovos.

2.

Os vazios do homem, ainda que sintam
a uma plenitude (gôra mas presença)
contêm nadas, contêm apenas vazios:
o que a esponja, vazia quando plena;
incham do que a esponja, de ar vazio,
e dela copiam certamente a estrutura:
tôda em grutas ou em gotas de vazio,
postas em cachos de bolha, de não-uva.
Êsse cheio vazio sente ao que uma saca
mas cheia de esponjas cheias de vazio;
os vazios do homem ou vazio inchado:
ou o vazio que inchou por estar vazio.

THE EMPTINESS OF MAN

The emptiness of man is not like
any other: not like an empty coat
or empty sack (things which do not stand up
when empty, such as an empty man),
the emptiness of man is more like fullness
in swollen things which keep on swelling,
the way a sack must feel
that is being filled, or any sack at all.
The emptiness of man, this full emptiness,
is not like a sack of bricks' emptiness
or a sack of rivets', it does not have the pulse
that beats in a seed bag or bag of eggs.

2.

The emptiness of man, though it resembles
fullness, and seems all of a piece, actually
is made of nothings, bits of emptiness,
like the sponge, empty when filled,
swollen like the sponge, with air, with empty air;
it has copied its very structure from the sponge,
it is made up in clusters, of bubbles, of non-grapes.
Man's empty fullness is like a sack
filled with sponges, is filled with emptiness:
man's emptiness, or swollen emptiness,
or the emptiness that swells by being empty.

Translated by Galway Kinnell

João Cabral de Melo Neto 159

O URUBU MOBILIZADO

Durante as sêcas do Sertão, o urubu,
de urubu livre, passa a funcionário.
O urubu não retira, pois prevendo cedo
que lhe mobilizarão a técnica e o tacto,
cala os serviços prestados e diplomas,
que o enquadrariam num melhor salário,
e vai acolitar os empreiteiros da sêca,
veterano, mas ainda com zelos de novato:
aviando com eutanásia o morto incerto,
êle, que no civil quer o morto claro.

2.

Embora mobilizado, nêsse urubu em ação
reponta logo o perfeito profissional.
No ar compenetrado, curvo e conselheiro,
no todo de guarda-chuva, na unção clerical,
com que age, embora em pôsto subalterno:
êle, um convicto profissional liberal.

THE DRAFTED VULTURE

When the droughts hit the backland they make
the vulture into a civil servant — free no more.
He doesn't try to escape. He's known for a long time
that they'd put his technique and his touch to use.
He says nothing of services rendered, of diplomas
which entitle him to better pay.
He serves the drought-dealers like an altar-boy,
with a green-horn zeal, veteran though he is,
mercifully dispatching some who may not be dead,
when in private life he cares only for bona fide corpses.

2.

Though the vulture's a conscript, you can soon tell
from his demeanor that he's a real professional:
his self-conscious air, hunched and advisory,
his umbrella-completeness, the clerical smoothness
with which he acts, even in a minor capacity —
an unquestioning liberal professional.

Translated by W. S. Merwin

O SERTANEJO FALANDO

A fala a nível do sertanejo engana:
as palavras dêle vem, como rebuçadas
(palavras confeito, pílula), na glace
de uma entonação lisa, de adocicada.
Enquanto que sob ela, dura e endurece
o caroço de pedra, a amêndoa pétrea,
dessa árvore pedrenta (o sertanejo)
incapaz de não se expressar em pedra.

2.

Daí porque o sertanejo fala pouco:
as palavras de pedra ulceram a bôca
e no idioma pedra se fala doloroso;
o natural dêsse idioma fala à fôrça.
Daí também porque êle fala devagar:
tem de pegar as palavras com cuidado,
confeitá-las na língua, rebuçá-las;
pois toma tempo todo êsse trabalho.

THE MAN FROM UP-COUNTRY TALKING

The man from up-country disguises his talk:
the words come out of him like wrapped-up candy
(candy words, pills) in the icing
of a smooth intonation, sweetened.
While under the talk the core of stone
keeps hardening, the stone almond
from the rocky tree back where he comes from:
it can express itself only in stone.

2.

That's why the man from up-country says little:
the stone words ulcerate the mouth
and it hurts to speak in the stone language;
those to whom it's native speak by main force.
Furthermore, that's why he speaks slowly:
he has to take up the words carefully,
he has to sweeten them with his tongue, candy them;
well, all this work takes time.

Translated by W. S. Merwin

João Cabral de Melo Neto 163

DUAS DAS FESTAS DA MORTE

Recepções de cerimônia que dá a morte:
o morto, vestido para um ato inaugural;
e ambìguamente: com a roupa do orador
e a da estátua que se vai inaugurar.
No caixão, meio caixão meio pedestal,
o morto mais se inaugura do que morre;
e duplamente: ora sua própria estátua
ora seu próprio vivo, em dia de posse.

Piqueniques infantis que dá a morte:
os enterros de criança no Nordeste:
reservados a menores de treze anos,
impróprios a adultos (nem o seguem).
Festa meio excursão meio piquenique,
ao ar livre, boa para dia sem classe;
nela, as crianças brincam de boneca,
e aliás, com uma boneca de verdade.

TWO OF THE FESTIVALS OF DEATH

Solemn receptions given by death:
death, dressed for an unveiling;
and ambiguously: dressed like an orator
and like the statue that's to be unveiled.
In the coffin, half coffin half pedestal,
death unveils himself more than he dies;
and in duplicate: now he's his own statue,
now he's himself, alive, for the occasion.

Children's picnics given by death:
children's funerals in the northeast:
no one over thirteen admitted,
no adults allowed, even walking behind.
Party half outing, half picnic,
in the open air, nice for a day when school's out;
the children who go play dolls
or else that's what they really are.

Translated by W. S. Merwin

Marcos Konder Reis

MAPA

Ao norte, a tôrre clara, a praça, o eterno encontro,
A confidência muda com teu rosto por jamais.
A leste, o mar, o verde, a onda, a espuma,
Êsse fantasma longe, barco e bruma,
O cais para a partida mais definitiva
A uma distância percorrida em sonho:
Perfume da lonjura, a cidade santa.

O oeste, a casa grande, o corredor, a cama:
Êsse carinho intenso de silêncio e banho.
A terra a oeste, essa ternura de pianos e janelas abertas
À rua em que passavas, o abano das sacadas: o morro e o
        cemitério e as glicínias.
Ao sul, o amor, tôda a esperança, o circo, o papagaio, a
        nuvem: êsse varal de vento,
No sul iluminado o pensamento no sonho em que te sonho
Ao sul, a praia, o alento, essa atalaia ao teu país

Mapa azul da infância:
O jardim de rosas e mistério: o espelho.
O nunca além do muro, além do sonho o nunca
E as avenidas que percorro aclamado e feliz.

Antes o sol no seu mais nôvo raio,
O acordar cotidiano para o ensaio do céu,
Prêto e branco e girando: andorinha e terral.
Depois a noite de cristal e fria,
A noite das estrêlas e das súbitas sanfonas afastadas,
Tontura de esperanças: essa mistura de beijos e de danças
        pela estrada
Numa eterna chegada ao condado do Amor.

MAP

To the north, the bright tower, the town square, the eternal
    meeting,
Forever the unspoken agreement with your face.
To the east, the sea, the green, the waves, the foam,
That far off ghost, boat and mist,
The wharf for the final departure
To distances traveled in dreams:
Perfume of remoteness, the holy city.

To the west, the big house, the hallway, the bed:
That love of silence and of the bath.
The land to the west, that fondness for pianos, and for
    windows open
To the street where you would pass, the waving from
    balconies; the hill, the cemetery, the wisteria.
To the south, love, and all of hope, the circus, the kite, the
    cloud: that shaft of wind,
In the south the illumined thought in the dream where I
    dream you
To the south, the beach, the breath, that lookout to your
    country
Blue map of childhood:
The garden of roses and mystery: the mirror.
The never beyond the wall, beyond the dream the never
And the avenues I walk along acclaimed and happy.

Before the sun in its latest emanation,
The daily awakening for the sky's rehearsal,
Black and white turning: swallows and land-breezes.
Afterwards the crystal and cold night,
The night of stars and suddenly withdrawn accordians,
Giddiness of hopes: that mixture of kisses and dances along
    the road
In an eternal arrival to the earldom of love.

Translated by Mark Strand

Marcos Konder Reis 167

PARÂMETRO

Uma tarde amarela noroeste
modo nosso de amar lembrando a estrada,
que passa sempre a leste
de uma tarde espantada,

de uma tarde amarela soterrada
numa caixa de pêssegos, madura,
uma janela madura de bandeiras abertas
para o mar, e frias;

encarcerada pelo verdoenga de pêssegos
e açúcar cristalizado sôbre a polpa
dos verdes apanhados na chácara. Setembro.
Ah, setembro, setembro

essa menina e teus jardins sôbre a cabeça
castanha e cacheada, numa tarde amarela
de vapores entrando a barra, de sinos
batendo, que reconheço de outra época,

do espanto de outras tôrres, de outra tarde espantada,
que amarravas no inverno embora outubro:
êsse rapaz que atravessa o corporal de pêssegos
de uma tarde amarela,
como se fincasse a cisma de uma lança
no rosto da palavra genial
e seu ramo de rosas, sua neblina.

PARAMETER

A yellow northeast afternoon
our way of loving remembering the road
that heads always eastward
from an astonished afternoon,

from a yellow afternoon buried, ripe
in a box of peaches,
a ripe window of flags
open to the sea, and cold;

jailed by the green of peaches
and crystallized sugar over the pulp
of greens from the farm. September.
Ah, September, September

that girl and your gardens over her
curly and chestnut-colored hair, on a yellow afternoon
of steamships entering the narrows, of bells
ringing, that I know from another time,

from being amazed at other towers, from another amazed
        afternoon
which you held all winter through October:
that boy crossing the aisle of peaches
on a yellow afternoon
as if fixed by a sword's divisions
in the face of brilliant words
and his bouquet of roses, his mist.

                    Translated by Mark Strand

Ferreira Gullar

O TRABALHO DAS NUVENS

Esta varanda fica
à margem
da tarde. Onde nuvens trabalham.
A cadeira não é tão sêca
e lúcida, como
o coração.

Só à margem da tarde
é que se conhece
a tarde: que são as
fôlhas de verde e vento, e
o cacarejar da galinha e as
casas sob um céu: isso, diante
de olhos.

E os frutos?
e também os
frutos. Cujo crescer altera
a verdade e a côr
dos céus. Sim, os frutos
que não comeremos, também
fazem a tarde.
                          (a vossa
tarde, de que estou à margem)

Há, porém, a tarde
do fruto. Essa
não roubaremos:
                    tarde
em que êle se propõe à gloria de
não mais ser fruto, sendo-o
mais: de esplender, não como astro, mas
como fruto que esplende.
E a tarde futura onde êle

CLOUDS' WORK

This verandah is fixed
at the edge
of the afternoon. Where clouds work.

The chair is nowhere as dry
& lucid as
the heart.

Only at the edge
of the afternoon one knows the
afternoon: green leaves & wind, &
chickens cluck, the
houses under the sky: what's
in front of the eye.

And fruits?
& also the
fruits. They grow & modify
the truth
the color
of the skies. Yes, the fruits
we'll never eat, they too'll
make the afternoon.
        (your afternoon
wherein I am put aside)

There's still, however, the after-
noon of the fruit. This
we shan't steal:
                        afternoon
when he makes up his mind
to be. what glory. no more a fruit,
being it even more: shining, no star but
a fruit that shines. & the next afternoon

arderá como um facho
efêmero!
Em verdade, é desconcertante para
os homens o
trabalho das nuvens.
Elas não trabalham
acima das cidades: quando
há nuvens não há
cidades: as nuvens ignoram
se deslizam por sôbre
nossa cabeça: nós é que sabemos que
deslizamos sob elas: as
nuvens cintilam, mas não é para
o coração dos homens.

A tarde é
as fôlhas esperarem amarelecer
e nós o observarmos.
E o mais é o pássaro branco que
voa — e que só porque voa e o vemos,
voa para vermos. O pássaro que é
branco,
não porque êle o queira nem
porque o neccessitemos: o pás-
saro que é branco
porque é branco.

Que te resta, pois, senão
aceitar?
            Por ti e pelo
pássaro pássaro.

when he'll burn

          an ephemeral torch!

Clouds' work. in fact, it's
embarrassing for men. Clouds
don't work over cities: when
there are clouds, there aren't
cities: the clouds don't know
they slide along above
our heads: it's we who know we
slide under them: the clouds
shine,
but not for men's hearts.
The afternoon
is leaves waiting to turn
& we watch them.
The whole rest of it is that bird flying
— and just because he flies & we see him, he
flies so we can see him. The bird, that
white,
not because it wants to be, or because
we need it, white: the bird
that's white
because it's white.

      Accept it — what
      choices have you left, you
          or the bird bird?

        Translated by Paul Blackburn

Bibliography

MANUEL Carneiro de Souza BANDEIRA Filho

Cinza das Horas (1917); *Carnaval* (1919); *O Ritmo Dissoluto* (1924); *Libertinagem* (1930); *A Estrêla da Manhã* (1936); *Lira dos Cinqüent'anos* (1944); *Belo Belo* (1948); *Mafuá do Malungo* (1948); *Opus 10* (1952); *Estrêla da Tarde* (1958); *Estrêla da Vida Inteira* (collected works, 1966).

José OSWALD DE SOUZA ANDRADE

Pau Brasil (1925); *Primeiro Caderno do Aluno de Poesia Oswald de Andrade* (1927); *Poesias Reunidas* (collected poetry with *Cântico dos Cânticos Para Flauta e Violão* and *Poemas Menores*, 1945); *Poesias Reunidas de Oswald de Andrade* (*Poesias Reunidas* and *O Escaravelho de Ouro*, 1966). Unpublished: *O Santeiro do Manque.*

JORGE Mateus DE LIMA

XIV Alexandrinos (1914); *Poemas* (1927); *Essa Negra Fulô* (1928); *Novos Poemas* (1929); *Poemas Escolhidos* (1932); *Tempo e Eternidade* (with Murilo Mendes, 1935); *Quatro Poemas Negros* (1937); *A Túnica Inconsútil* (1938); *Poemas Negros* (1947); *Livro de Sonêtos* (1949); *Vinte Sonêtos* (anthology with illustrations by Jorge de Lima, 1949); *Obra Poética* (1950); *Invenção de Orfeu* (1952); *As Ilhas* (1952); *Castro Alves-Vidinhã* (1952); *Poema do Cristão* (1953); *Antologia de Sonêtos* (1953); *Obra Completa* (1958).

MARIO Raul DE Morais ANDRADE

Há Uma Gôta de Sangue em Cada Poema (1917); *Paulicéia Desvairada* (1922); *O Losango Cáqui* (1926); *Clã do Jaboti* (1927); *Remate de Males* (1930); *Lira Paulistana*, followed by *O Carro da Miséria* (1946); *Poesias* (complete poems, with *A Costela do Grão-Cão* and *Livro Azul*, 1947); *Poesias Completas* (complete poems and *O Café*, 1955).

CASSIANO RICARDO

Dentro da Noite (1915); A Flauta de Pã (1917); Vamos Caçar Papagaios
(1926); Martim Cererê (1928); Deixa Estar, Jacaré (1931); O Sangue
das Horas (1943); Um Dia Depois do Outro (1947); A Face Perdida
(1950); Poemas Murais (1950); 25 Sonêtos (1952); João Torto e a
Fábula (1956); O Arranhã-céu de Vidro (1956); Poesias Completas
(1957); Montanha Russa (1960); A Difícil Manhã (1960); Jeremias
Sem-Chorar (1964); Poemas Escolhidos (1965).

JOAQUIM CARDOZO

Poemas (1947); Pequena Antologia Pernambucana (1948); Prelúdio e
Elegia de Uma Despedida (1952); Signo Estrelado (1960); O Coronel
de Macambira (1963).

CECÍLIA MEIRELES

Espectros (1919); Nunca Mais e Poema dos Poemas (1923); Viagem
(1939); Vaga Música (1942); Retrato Natural (1949); Romanceiro da
Inconfidência (1953); A Rosa (1957); Obra Poética (1958); Metal
Rosicler (1960); Antologia Poética (1963); Solombra (1963); Ou Isto
ou Aquilo (1964); Crônica Trovada da Cidade de Sam Sebastian (1965).

MURILO MENDES

Poemas (1930); História do Brasil (1932); Tempo e Eternidade (with
Jorge de Lima, 1935); A Poesia em Pânico (1938); O Visionário
(1941); As Metamorfoses (1944); Mundo Enigma (1945); Parábola
(1959); Poesias (collected poetry, 1959); Tempo Espanhol (1959);
Antologia Poética (1965).

CARLOS DRUMMOND DE ANDRADE

Alguma Poesia (1930); Brejo das Almas (1934); Sentimento do Mundo
(1940); Poesias (complete poems and José, 1942); A Rosa do Povo
(1945); Poesias até Agora (complete poems, with Novas Poesias,
1948); A Mesa (1951); Claro Enigma (1951); Viola de Bôlso (1952);
Fazendeiro do Ar e Poesia até Agora (1953); 50 Poemas Escolhidos pelo
Autor (1956); Ciclo (1957); Poemas (complete poems, 1959); Lição
de Coisas (1962); Antologia Poética (1962); Obra Completa (1964);
José & Outros (collected poetry, 1967); Boi Tempo (1968).

Vinícius de Moraes

O Caminho para a Distância (1933); *Ariana, a Mulher* (1936); *Novos Poemas* (1938); *Pátria Minha* (1949); *Livro de Sonêtos* (1957); *Antologia Poética* (1960).

Mauro Ramos da Mota e Albuquerque

Elegias (1952); *A Tecelã* (1956); *Os Epitáfios* (1959); *O Galo e o Cata-Vento* (1962); *Canto ao Meio* (1964).

João Cabral de Melo Neto

Pedra do Sono (1942); *Psicologia da Composição* (1947); *Cão sem Plumas* (1950); *Duas Águas* (1960); *Quaderna* (1960); *Educação Pela Pedra* (1966).

Marcos Konder Reis

David (1946); *Menino de Luto* (1947); *Praia Brava* (1950); *Campo de Flexas* (1967); *O Pombo Apunhalado* (1968); *Teoria do Vôo* (1969).

Ferreira Gullar

Um Pouco Acima do Chão (1949); *A Luta Corporal* (1954); *Cabra Marcado pra morrer* (1962); *Quem Matou Aparecida* (1962); *Por Você, Por Mim* (1967).

Notes on Editors and Translators

ELIZABETH BISHOP, poet and translator, has lived in Brazil for many years. In 1956 she won the Pulitzer Prize for Poetry for *Poems* (1955), and her most recent book *The Complete Poems* (1969) received the National Book Award in 1970. She has served as Consultant in Poetry to The Library of Congress, and she is a member of The National Institute of Arts and Letters and a Chancellor of The Academy of American Poets. She has also been a Fellow of The Academy of American Poets. Her translations of poems by Carlos Drummond de Andrade and João Cabral de Melo Neto introduced modern Brazilian poetry to American publications, and her prose translation of the well-known Brazilian journal *The Diary of Helena Morley* was published in 1957. The Brazilian government awarded her the Order of Rio Branco in 1971.

PAUL BLACKBURN (1926–1971), poet and scholar, edited and translated an anthology of twelfth-century troubadour poetry, *Proensa* (1953). He translated numerous Spanish works, including *The Poem of the Cid* and *End of the Game and Other Stories* and *Cronopios and Famas* by Julio Cortázar. His last books were *Three Dreams and an Old Poem* (1970) and the forthcoming *Early Collected y Mas: Poems 1951–1961*.

EMANUEL BRASIL, himself a Brazilian, recently completed his first novel *Pedra Fantasma*, for which he received in 1969 a grant from The Ingram-Merrill Foundation. Since 1965 he has lived in New York City, where he is a staff member of the translation service of the United Nations.

ASHLEY BROWN is currently Fulbright Lecturer in American Literature at the University of Rio de Janeiro. He is preparing a collection of critical essays and a translation of *Infância* by Graciliano Ramos.

JANE COOPER is the author of *The Weather of Six Mornings*, which was The Lamont Poetry Selection of The Academy of American Poets in 1968. She teaches poetry and creative writing at Sarah Lawrence College.

Richard Eberhart is the author of a number of books of poetry, including *Collected Poems 1930–1960* (1960), *Selected Poems 1930–1965*, which won the Pulitzer Prize for Poetry in 1966, and *Shifts of Being* (1968). In 1969 he was elected a Fellow of The Academy of American Poets.

Barbara Howes is the author of a number of books of poems, the most recent of which is *Looking Up At Leaves* (1966), and she has edited three prose anthologies.

June Jordan is the author of *Some Changes*, a first book of poems, and *His Own Where*, a first novel, both of which were published in 1971. She is the editor of *Soulscript: Afro-American Poetry* (1970) and co-editor of *The Voice of the Children*, an anthology of poems by black and Puerto Rican students from Fort Greene in Brooklyn.

Galway Kinnell's most recent books are *First Poems* (1971) and *The Book of Nightmares* (1971). His novel *Black Light* was published in 1965. He has translated the poetry of François Villon and *The Lackawanna Elegy* by Yvan Goll.

Jean Longland, Curator of The Library of The Hispanic Society of America, has contributed translations of Spanish and Portuguese poetry to various anthologies and has edited and translated *Selections from Contemporary Portuguese Poetry* (1966). She is currently collaborating with Ernesto Guerra Da Cal on a critical study of the work of Fernando Pessoa, with translations.

James Merrill, poet and novelist, received the National Book Award in 1967 for *Nights and Days* (1966). His most recent book of poems is *The Fire Screen* (1969). His two novels are *The Seraglio* (1957) and *The (Diblos) Notebook* (1965). He is a member of The National Institute of Arts and Letters.

W. S. Merwin received the Pulitzer Prize for Poetry in 1971 for his most recent book of poems, *The Carrier of Ladders* (1970). His many translations include *The Poem of the Cid* (1959), *Lazarillo de Tormes* (1962), *The Song of Roland* (1963), *Selected Translations 1948–1968* (1968), *Voices* (poems by Antonio Porchia, 1969), and *Transparence of the World* (poems by Jean Follain, 1969).

Louis Simpson, poet, critic, and novelist, is a professor of English at the State University of New York at Stony Brook. He has twice been a Guggenheim Fellow, and he was awarded the Pulitzer Prize for Poetry in 1964. His most recent books are *Selected Poems* (1965) and *The Adventures of the Letter I* (1971).

Mark Strand was a Fulbright Lecturer in Brazil during 1965 and 1966. He has edited two anthologies, *The Contemporary American Poets* (1969) and *Modern Mexican Poetry* (1970). His most recent book of poems is *Darker* (1970).

Jean Valentine has published two books of poetry, *Dream Barker*, the Yale Younger Poets selection for 1965, and *Pilgrims* (1969).

Richard Wilbur, poet and translator, is a professor of English at Wesleyan University. He received both the Pulitzer Prize for Poetry and the National Book Award in 1956. His most recent books are *Walking to Sleep* (1969), a volume of poetry, and *The Misanthrope*, a translation of Molière's play. He is a member of The National Institute of Arts and Letters and a Chancellor of The Academy of American Poets.

James Wright, is author of a number of books of poetry, of which the most recent is *Collected Poems* (1971). His translation of Herman Hesse's poems was published in 1971, and he has contributed translations to *Twenty Poems of George Trakl* (1962), *Twenty Poems of César Vallejo* (1965), and *Twenty Poems of Pablo Neruda* (1967). He was elected the 1972 Fellow of The Academy of American Poets.

UNIVERSITY PRESS OF NEW ENGLAND
publishes books under its own imprint and is the publisher for
Brandeis University Press, Dartmouth College, Middlebury College
Press, University of New Hampshire, Tufts University, Wesleyan
University Press, and Salzburg Seminar.